복음대로 삶 시리즈
Courage

용기
온전한 사랑의 확신

Courage: How the Gospel Creates Christian Fortitude, Growing Gospel Integrity series
by Joe Rigney

Copyright ⓒ 2023 by Joe Rigney
Published by Crossway, a publishing ministry of Good News Publishers
Wheaton, Illinois 60187, U.S.A.

This Korean edition copyright ⓒ 2024 by Word of Life Press, Seoul, Republic of Korea.
Published by arrangement with Crossway through rMaeng2, Seoul, Republic of Korea.
All rights reserved.

이 한국어판의 저작권은 알맹2를 통하여 Crossway와 독점 계약한 생명의말씀사에 있습니다.
신저작권법에 의하여 한국 내에서 보호받는 저작물이므로 무단 전재와 무단 복제를 금합니다.

용기, 온전한 사랑의 확신

ⓒ 생명의말씀사 2024

2024년 6월 25일 1판 1쇄 발행

펴낸이 | 김창영
펴낸곳 | 생명의말씀사

등록 | 1962. 1. 10. No.300-1962-1
주소 | 서울시 종로구 경희궁1길 6(03176)
전화 | 02)738-6555(본사) · 02)3159-7979(영업)
팩스 | 02)739-3824(본사) · 080-022-8585(영업)

기획편집 | 유영란, 서지연
디자인 | 박소정
인쇄 | 영진문원
제본 | 보경문화사

ISBN 978-89-04-16888-0 (04230)
　　　 978-89-04-70099-8 (세트)

저작권자의 허락 없이 이 책의 일부 또는 전체를
무단 복제, 전재, 발췌하면 저작권법에 의해 처벌을 받습니다.

용기

온전한 사랑의 확신

성경이 말하는
진정한 용기의
재발견

조 리그니 지음 | 이대은 옮김

생명의말씀사

추천사

조 리그니의 『용기』는 우리가 살아가는 반 기독교 시대에 모든 그리스도인이 풍성히 지녀야 할 미덕을 정의하고 옹호하는 길잡이가 되어 준다. 그리스도인이라면, 반드시 읽어야 할 책이고 나도 틈이 날 때마다 꺼내 읽고 싶은 보석 같은 책이다.

로사리아 버터필드(Rosaria Butterfield)
시러큐스 대학 영문과 전 교수
『반기독교 시대의 다섯 가지 거짓말』(*Five Lies of Our Anti-Christian Age*) 저자

이 세상은 두려움으로 마비되어 있지만, 그래도 사람들은 확신과 담대함과 두려움 없는 행동에 끌린다. 따라서 기쁨 넘치는 미덕인 그리스도인의 용기는 여전히 빛날 기회가 있다. 이 책에서 조 리그니는 용기가 무엇인지, 용기가 어디에서 나오는지를 설명

한다. 하지만 거기에서 그치지 않고 하나님의 영광을 위해 용기를 내라는 호소도 더한다. 하나님이 이 환상적인 책을 통해 많은 사람의 마음을 움직여 큰일을 이루시기를 기도한다.

에릭 리드(Erik Reed)
더 저니 교회 목사 겸 장로
노잉 지저스 미니스트리스 설립자

그리스도인이여 담대하라! 사회가 점점 더 그들의 기독교 뿌리에 등을 돌리는 것을 마주하는 서부의 그리스도인들에게 이 외침은 특별히 의미가 있다. 타협과 비겁함은 전염력이 있다. 그런데 용기도 마찬가지다. 리그니는 명료하게 용기를 정의하고 고전적인 이론을 소개하며, 성경과 나니아 등등에서 영감을 주는 예를 든다. 그는 신실한 그리스도의 증인들에게 이 미덕을 심어주기 위해 애를 쓴다. 나는 이 책이 그 일을 충분히 해낼 것이라고 확신한다.

제임스 R. 우드(James R. Wood)
리디머 대학 조교수

사도 요한은 우리에게 '두려워하는 자들의 몫은 불에 타는 못'이라고 전한다. 이는 용기가 엄선된 그리스도인 무리에게만 해당하는 선택적인 미덕이 아니라는 뜻이다. 우리 시대의 고유한 도전과 전투에 굴복하지 않고 맞서기 위해 우리는 모두 경건한 용기가 필요하다. 조 리그니는 남자에게서, 여자에게서, 여러 이야기에서 그리고 우리 구세주에게서 용기가 어떻게 나타나는지를 친절하게 보여준다. 그래서 우리가 시련의 순간에 용기를 내려고 할 때 필요한 영혼의 안정감을 누릴 수 있도록 돕는다.

아비가일 도즈(Abigail Dodds)
『생명의 떡』(Bread of Life)과 『전형적 여성』(A Typical Woman) 저자

리그니는 어떤 주제든 신속한 분별력과 지혜를 줄 수 있는, 신뢰할 만한 목회자다. 용기에 대한 그의 글도 내가 그렇게 생각하는 이유를 증명한다. 그는 두려움을 바르게 정돈하고 우리 마음을 하나님의 약속에 둘 때 배울 수 있는 일종의 습관이라고 용기를 정의한다. 우리는 자주 오만함을 담대함으로, 무모함을 능력으로 오해하곤 한다. 리그니는 성경의 지혜에서 어떻게 진정한 용기를 끌어내야 하는지에 관한 실질적인 조언을 제공한다. 사람들이 호응하지 않을 죄에 대해 설교하라는 격려와 성별에 맞는 용기를 함양해야 한다는 그의 용기 있는 조언은 리그니 자신이 그 미덕을 얼마나 풍성하게 소유하고 있는지 대변한다.

메간 바샴(Megan Basham)
더 데일리 와이어 문화부 기자
『모든 성공한 사람 곁에』(Beside Every Successful Man) 저자

오직 너희는
그리스도의 복음에
합당하게 생활하라

빌립보서 1장 27절

Courage
contents

추천사 _5
시리즈 서문 _13
서문 _17

chapter 1   **용기를 정의하다** _35

chapter 2   **성경이 말하는 용기** _53

chapter 3   **용기의 결핍** _77

chapter 4   **성경이 말하는 담대함** _95

chapter 5   **용기와 성별** _115

결론 _145
감사의 말 _150
주 _153

시리즈 서문

복음대로 사는 삶은 오늘날의 교회에 가장 중요한 필수 요건이다. 이 온전함은 진리의 복음에 우리의 머리와 가슴과 삶을 완전히 일치시키는 것으로, 도덕이나 정통 교리보다 더 필요하다.

사도 바울은 빌립보서 독자들에게 복음의 백성답게 살라고 호소하면서 복음대로 사는 삶이 무엇인지 그 네 가지 특징을 제시한다.

첫째, "너희는 그리스도의 복음에 합당하게 생활하라"(빌 1:27a). 즉 복음의 백성은 복음에 **합당한** 삶을 살아야 한다.

둘째, "한마음으로 서서 한 뜻으로 복음의 신앙을 위하여 협력"(빌 1:27b)하라. 달리 말하면, 복음대로 사는 삶은 함께 **연합하는** 신실한 태도를 요구한다.

이 두 가지 태도에는 "고난"과 "싸움"(빌 1:29-30)이 뒤따른다. 그래서 바울은 셋째로 "두려워하지 아니하"(빌 1:28a)도록 당부하면서 이런 **용기**가 분명한 "구원의 증거"(빌 1:28b)라고 설명한다.

마지막으로 넷째, 바울은 이렇게 말한다.

"그러므로 그리스도 안에 무슨 권면이나 사랑의 무슨 위로나
성령의 무슨 교제나 긍휼이나 자비가 있거든 마음을 같이하여
같은 사랑을 가지고 뜻을 합하며 한마음을 품어 아무 일에든지
다툼이나 허영으로 하지 말고 오직 겸손한 마음으로
각각 자기보다 남을 낫게 여기고"(빌 2:1-3).

이처럼 바울은 **겸손** 없이는 그리스도인의 진정한 온전함이 불가능하다고 분명히 밝힌다.

'복음대로 삶' 시리즈의 목적은 바울의 복음주의적 요청, 곧 복음에 **합당하게, 연합하여, 용기 있고, 겸손하게** 살아가라는 요청을 다시 되새기는 것이다. 하지만 우리는 이 네 가지 특징이 추상적인 도덕적 자질이나 덕목을 뜻하지 않는다는 사실을 기억해야 한다. 바울이 뜻하는 바는 **복음대로 사는 삶**의 매우 구체적인 특징과 모습들이다. 이처럼 이 시리즈의 책들은 어떻게 복음이 우리 안에 있는 이러한 자질을 북돋우고 형성하는지를 당신에게 보여 줄 것이다.

이 작은 시리즈를 통하여 하나님이 영광 받으시고 "주 예수 그리스도의 은혜가 여러분의 심령과 함께 있기를"(빌 4:23, 새번역 성경) 기도한다.

'복음대로 삶' 시리즈 기획자
마이클 리브스(Michael Reeves)

서문

　성과 도덕성에 관해서 성경의 기준을 고수한다는 이유로 학급 친구들에게 조롱당하고 배척당하는 어느 십 대 청소년, 현재 직장에 계속 다닐지 아니면 회사를 차리는 위험을 감수해야 할지 고심 중인 남편이자 아버지인 한 남자, 자신을 신랄하게 대해서 감정적으로 이미 서먹서먹한 남편과 또 하루를 맞이해야 하는 어떤 여인, 셋째를 임신했는데 악성 뇌암 진단을 받은 여성, 사무실에서 LGBTQ+ 운동을 지지하는 무지개 깃발을 들어야 한다는 압박을 받는 어느 그리스도인 직장인, 회중 중 누군가가 불편해 할 것을 알면서도 그 주제에 관한 설교를 준비하는 한 목회자, 복음에 적대적인 미전도 종족을 향해 가족과 함께 떠나려고 준비하는 한 선교사, 여전히 무슬림인 가족들에게 자신이 예수님을 주님이자 구세주이자 보배로 받아들였음을 어떻게 말해야 할지 고민 중인 어떤 개종자….

모두 처한 상황은 다르지만, 요구되는 것은 같다. 그것은 바로 용기다. 이 책은 용기에 관한 작은 책자다. 내가 이 글을 쓴 목적은 그저 하나의 미덕을 설명하는 것이 아니라 그 미덕을 실천하도록 장려하기 위함이다. 그리고 그것도 일반적인 용기가 아닌, 그리스도인의 용기다. 내 목적은 당신이 이 글을 읽으면서 은혜로 마음이 강해져, 두려움을 극복하고 당신 앞에 있는 위험을 기쁨으로 반색하며 직면하게 만드는 것이다.

당신에게는 용기와 기쁨의 상관관계가 명확하지 않을 수 있다. 하지만 성경은 분명히 그 둘을 연결한다. 빌립보서 1장에 나오는 세 가지 개념, 즉 담대함과 용기와 두려움 없음을 생각해 봄으로써 용기와 기쁨 사이의 기본적인 연결고리를 만드는 일부터 시작하자.

배경

바울은 빌립보인에게 깊은 감사와 기쁨을 표명하며 편지를 시작한다. 이 교회는 초기부터(빌 1:5) 복음 안에서 바울과 협력했다. 이렇게 사명과 유대감을 공유했기에 바울은 빌립보인들이 끝까지 인내할 것이라고 확신했다. 하나님이 그들 안에서 시작하신

착한 일을 끝내실 것이기 때문이다(빌 1:6).

바울의 확신은 이 성도들을 향한 깊은 애정에 근거한다. 그는 성도들을 마음에 품었고 그들과 은혜를 나눴으며 그리스도의 사랑으로 그들을 열망했다. 그들을 향한 바울의 애정은 풍성한 기도에서 그대로 나타난다. 즉, 하나님이 그들에게 사랑과 지식을 더하셔서 지극히 선한 것을 사랑하게 하시며 그리스도가 오실 때 순전하고 허물이 없기를 구한다.

이 안부의 특징은 무언가를 교정하려는 내용이나 우려의 표현이 전혀 없다는 사실이다. 그리고 바울은 인사말을 마치자마자 빌립보인들에게 자신의 상황을 알리고자 한다. 하지만 그보다 더 중요한 것은 자신이 투옥되어 고난받는 의미가 무엇인지를 전하려고 애를 쓴다는 점인데, 그렇게 하여 빌립보인들도 전심으로 자신과 복음의 사명에 동참하기를 바랐다. 그리고 바로 여기에서 우리의 핵심 단어가 등장한다.

투옥으로 담대해지다

바울은 놀랍게도 빌립보인들에게 자신의 투옥이 오히려 복음을 전진시키는 역할을 했다고 알린다. 그런데 이 말은 우리의 직관과 완전히 반대된다. 우리는 자연스럽게 바울이 감옥에 갇히면서 전도에 차질이 생겼다고 생각하게 된다. 믿음은 들음에서 오고 들음은 그리스도의 말씀으로 말미암는다. 그리고 이 그리스도의 말씀은 사도나 바울과 같은 선교사들이 전한다. 그렇다면 선교사가 투옥됐는데 어떻게 사명이 이어질 수 있는가? 바울은 자신이 그렇게 말한 두 가지 이유를 제시한다.

첫째, 그 상황과 관련이 있는 모든 사람은 바울이 **그리스도를 위해** 투옥된 것을 안다. 그는 투옥되어서도 예수님을 증거했기 때문에 간수들도 그가 왜 감옥에 있는지를 분명히 알고 있었다. 바울은 다른 곳에서 비록 자신은 사슬에 매였어도 "하나님의 말씀은 매이지 아니하니라"(딤후 2:9)고 말했다. 그리스도의 말씀이 제국의 보초병들에게 뿌려졌고 아마도 뿌리를 내리고 있었을 것이다. 따라서 우리도 이 말을 이해할 수 있다. 바울은 그저 새로운 선교 사역지를 찾은 것뿐이다. 그래서 그의 투옥도 복음을 진전시키는 데 일조한다.

하지만 바울은 두 번째 이유를 제시하는데, 우리는 직관에 반대되는 현실과 다시 직면한다. "형제 중 다수가 나의 매임으로 말미암아 주 안에서 신뢰함으로 겁 없이 하나님의 말씀을 더욱 담대히 전하게 되었느니라"(빌 1:14). 형제들이 바울의 투옥으로 **인해** 더욱 담대해졌다고? 이 말은 우리를 당혹스럽게 한다.

우리는 보통 지도자 격인 사도가 투옥되었으니 다른 형제들도 조용해지고 전도가 침체했으리라 예상하게 된다. 그리고 이야말로 당국이 바라던 바였다. 바울을 하나의 본보기로 삼아 소위 이 복음이라고 하는 것을 가지고 문제를 일으키면 어떤 일을 당하게 되는지 다른 그리스도인에게 보여준 것이다. 그러나 다른 형제들은 의기소침해서 침묵하기는커녕, 더욱 담대해져서 말한다. 그들은 더 많은 위험을 감수하며, 바울과 함께 감옥에 갇힐 수도 있다는 것을 알면서도 복음을 가르친다. 어떻게 이런 일이 가능한가?

이 지점에서 바울은 그들이 두려움 없이 담대하게 전도할 수 있었던 것은 그들의 (더욱 커진) 신뢰 때문이라고 간단히 기록한다. 바울의 투옥과 관련된 무언가가 그리스도에 대한 믿음과 신뢰를 깊게 한 것이다.

물론 바울은 담대해진 모든 설교자가 똑같이 바른 동기를 가진 것이 아니라는 사실을 안다. 몇몇은 투기와 분쟁으로 그리스도를 전한다. 그들은 바울의 사역에 열매가 맺힐 때 안달했고 이제는 그의 콧대가 꺾이기를 바란다. 그들은 자신들이 복음을 전함으로 바울의 마음이 상하고 그들의 사역으로 바울의 고통이 더하기를 바란 것이다(빌 1:1-17). (누군가의 마음을 상하게 하려는 목적으로 복음을 전하려면 그 사람을 얼마나 미워해야 가능한 것인가?)

하지만 다른 이들, 즉 주님을 신뢰함으로 말씀을 전한 사람들은 "착한 뜻"(빌 1:15)으로, 사랑으로 전한다. 바울을 향한, 성도들을 향한, 잃어버린 자들을 향한, 그리고 그리스도를 향한 사랑으로 말이다. 그들은 바울의 투옥을 하나님이 정하신 사건으로 보고 바울이 거기에 있는 이유는 복음을 수호하기 위함임을 알았다. 즉, 어전 사령관과 로마 당국을 포함해 모든 이에게 예수님에 대한 좋은 소식을 전하기 위해서 말이다.

바울은 동기에 신경 쓰지 않고 그저 그리스도가 선포되는 것을 즐거워한다. 가식이든 진실이든, 질투든 착한 뜻이든, 경쟁심이든 사랑이든, 바울은 복음이 진전하는 것을 보기 원한다. 그리고 바울은 감옥에서 자신의 사역을 통해 그러한 진전을 목도한다. 신실한 형제들의 담대한 전도를 통해서든, 질투하는 형제들의 불경건한 전도를 통해서든 말이다. 바울은 **언제든, 어떻게든** 그리스도가 참되게 선포되는 것을 즐거워한다. 그게 전부다.

삶과 죽음으로 그리스도를 존귀하게

바울이 기뻐한 일은 이것만이 아니다. 그는 앞으로 자신이 구원(deliverance)될 것도 기뻐한다. 바울은 빌립보인들의 기도와 성령님의 도우심 및 지원을 통해 이 구원이 일어날 것이라고 확신한다. 사실 바울은 빌립보인들의 기도에 대한 응답으로 성령님이 자신을 투옥 생활과 고난에서 지켜주실 것을 기대했을 것이다.

그런데 바울이 이 구원을 어떻게 설명하는지 보라. "나의 간절한 기대와 소망을 따라 아무 일에든지 부끄러워하지 아니하고 지금도 전과 같이 온전히 담대하여 살든지 죽든지 내 몸에서 그리스도가 존귀하게 되게 하려 하나니"(빌 1:20). 바울이 기대하고 바라는 구원이란, 그저 육체적인 위험에서 구조받는(salvation) 것이 아니다. 물론 거기에는 그러한 일시적인 구조도 포함될 것이다. 하지만 그가 빌립보인들의 기도를 통해 바라는 궁극적인 구원이란, 어떤 어려움이 있어도 그의 몸으로 그리스도를 영원히 높이는 것이다.

어쩌면 이렇게 정리해 볼 수 있겠다. 구원받지 **못한다**는 의미는 바울에게 무엇인가? 그가 삶 또는 죽음으로 그리스도를 존귀하게 하지 못한다면, 자기에게 수치가 될 것이고 결국 그는 구원받지 못한 것이 된다.

우리는 이 부분을 점검해야 한다. 바울은 투옥과 죽음의 가능성을 위협 또는 위험으로 본다. 단지 그가 죽을 수도 있기 때문에 위협인 것이 아니라 고통, 고난 그리고 죽음이 예상되는 상황에서 바울이 자신의 말과 행동으로, 그리고 삶과 죽음으로 예수님을 존귀하게 하지 못할 수도 있어서 위협으로 보는 것이다.

우리는 우리의 고통과 고난을 이런 식으로 보고 있는가? 그저 고통이 끝나는 데만 마음을 쏟지는 않는가? 아니면 바울처럼 우리는 고통 가운데 예수님을 높이지 못할까 걱정하는가?

여기서 우리는 바울의 마음 상태를 더 깊이 파고들어야 한다. "살든지 죽든지 내 몸에서 그리스도가 존귀하게 되게 하려 함이니"라는 말은 무슨 의미인가? 다음 절도 보자. "이는 내게 사는 것이 그리스도니 죽는 것도 유익함이라"(빌 1:21). "이는"이라는 단어는 바울이 살든지 죽든지 그리스도가 존귀해지는 방식을 설명하겠다는 신호다. 그리고 그는 바로 이어서 삶과 죽음을 이야기한다. 두 절을 연결하면 다음 결론을 도출할 수 있다.

- 바울의 사는 것이 그리스도일 때
  바울의 삶으로 그리스도는 존귀하게 된다.
- 바울의 죽는 것이 유익일 때
  바울의 죽음으로 그리스도는 존귀하게 된다.

이 구절은 각각 무슨 의미인가? "사는 것이 그리스도니"라는 말은 무슨 뜻인가? 그리고 죽는 것이 어떻게 유익일 수 있는가? 구절은 이렇게 이어진다.

"그러나 만일 육신으로 사는 이것이 내 일의 열매일진대
무엇을 택해야 하는지 나는 알지 못하노라
내가 그 둘 사이에 끼었으니 차라리 세상을 떠나서
그리스도와 함께 있는 것이 훨씬 더 좋은 일이라
그렇게 하고 싶으나 내가 육신으로 있는 것이 너희를 위하여
더 유익하리라 내가 살 것과 너희 믿음의 진보와 기쁨을 위하여
너희 무리와 함께 거할 이것을 확실히 아노니"(빌 1:22-26).

"사는 것이 그리스도니"는 열매 맺는 수고를 뜻한다. 바울이 육신으로 이 땅에 머물며 일하여 빌립보인 및 다른 교회들이 믿음의 진보와 기쁨을 누리게 된다는 뜻이다. 그가 그들과 함께하는 것만으로 예수님께 영광을 돌릴 엄청난 기회를 그들에게 제공할 것이다. 반면에 "죽는 것도 유익함이라"는 것은 바울이 그들을 떠나 그리스도와 함께하기를 열망한다는 뜻이다. 그리고 사실 그렇게 하는 편이 육신에 머무는 것보다 훨씬 낫다.

전체적인 상황을 조합해 보면 이렇게 말할 수 있을 것이다. 감옥에 있는 바울은 고통, 고난, 그리고 아마도 죽음의 가능성을 직면하고 있다. 그는 풀려날 수도 있지만, 어쩌면 사형당할 수도 있다. 그는 불확실하고 고통스러운 미래에 직면해 있다. 그렇지만 바울은 하나님이 자신을 구원해 주시리라 완전히 신뢰하기에 그럼에도 기뻐한다. 감옥에서 복음의 열매를 맺게 하신 그 섭리가 동일하게 바울을 끝까지 신실하게 붙드실 것이다.

바울에게 구원이란, 무슨 일이 닥치든 그의 몸 안에서 그리스도를 높이고 존귀하게 하는 것이다. 감옥에서 풀려나 살게 되든, 처형을 당해 죽게 되든 말이다. 바울에게 살아가는 목표가 그리스도일 때, 바울의 삶으로 그리스도가 존귀하게 된다. 그가 살아남아 수고하며 빌립보인들의 믿음을 더하기 때문이다.

또 그가 죽음을 유익함으로 받아들인다면, 바울의 죽음에서도 그리스도가 존귀하게 된다. 죽음 이후에 그리스도와 함께하는 편이 그가 세상에서 잃게 되는 좋은 것보다 훨씬 좋기 때문이다.

그리고 바로 여기에 이 책과의 연관성이 있다. 바울은 삶과 사역과 고난과 죽음에 이런 식으로 맞서는 방식을 **용기**라고 칭했다. 그는 "온전히 담대"(20절)하기를 바란다. 그리스도인의 용기는 무시무시한 위험 또는 죽음에 직면해서도, 열망을 따라 기쁜 마음으로 그리스도를 가장 위대한 선으로 귀하게 여기는 마음이다. 그리고 죽음을 앞두고도 그렇게 그리스도를 귀하게 여기는 일이 예수님을 높인다.

반대에 직면해서도 두려움 없이

우리는 바울이 투옥되어 있음에도 그의 형제들이 보여준 놀라운 **담대함**을 살펴봤다. 그리고 자기 죽음을 앞두고도 그리스도를 귀하게 여긴 바울의 **용기**를 살펴봤다. 그리고 이 장은 바울이 빌립보인들에게 담대하게 용기를 내어 자신과 동참하라는 권면으로 끝난다.

바울이 말한 내용을 살피기에 앞서 두려움이 없다는 말이 무슨 뜻인지를 분명히 밝혀야 한다. '두려움 없음'이란, 모든 두려움의 부재를 의미하지 않는다. 우리는 주님을 두려워해야 하기 때문이며 게다가 몇몇 두려움은 고통과 고난에 따른 완벽하게 자연스러운 반응이다. 하나님은 우리가 고통(육체적인 고통이든 정서적인 고통이든)에

움찔하도록 우리를 지으셨다. 따라서 우리 안에 있는 두려움(고통에 대해, 죽음에 대해, 그 외 상실에 대해)이 반드시 죄악은 아니다.

그렇다면 우리는 두려움 없음을 이해하기 위해, 그 반대인 '두려워함'을 생각해 볼 수 있을 것이다. 두려워함이란, 한 사람이 두려움에 굴복하거나 조종받는 것이다. 두려움에 항복하여 그 두려움이 우리 행동을 다스리고 통제하도록 허용하는 것이다.

반대로 두려움 없음이란, 두려움을 통제하는 것이다. 여전히 두려움은 실존할지 모른다(용기란 두려움의 존재를 **필요로 한다**는 점을 나중에 논할 예정이다). 하지만 두려움 없는 사람이란, 그 두려움을 정복하는 사람이다. 두려움이 그를 다스리지 못하고 오히려 그가 두려움을 다스린다. 두려움은 거기 있지만, 그의 주인은 아닌 것이다. 이 점을 분명히 밝혔으니 빌립보서 1장으로 돌아가도록 하자.

바울은 열매 맺는 사역을 위해서라도 하나님이 그를 죽음에서 구해 주실 것이며 그가 빌립보에 다시 돌아가리라는 자신의 확신을 밝힌다. 그러고는 그동안 그들이 해야 할 일을 가르친다. "오직 너희는 그리스도의 복음에 합당하게 생활하라"(빌 1:27). 이 용어는 바울이 다른 곳에서 복음의 진리를 따라 바르게 행하는 것(갈 2:14), 성령을 따라 행하는 것(갈 5:16), 성령으로 행하는 것(갈 5:25), 부르심을 받은 일에 합당하게 행하는 것(엡 4:1) 등으로 설명한 내용을 떠올리게 한다.

이 모든 경우의 공통적인 개념은, 복음의 진리에 부합하고 복음의 진리를 높이며 드러내는 종류의 행동과 삶의 방식이 있다는 것이다. 바울은 빌립보인들에게 그렇게 합당한 삶을 살도록 촉구한다.

그리고 계속해서 그 합당한 삶은 어떠한 모습인지를 설명한다. 그는 빌립보인들에게서 듣기 바라는 소식 세 가지를 규정한다. 즉, 복음에 합당한 삶의 방식을 규정하는 세 요소다. 첫째로, 바울은 그들이 "한마음(one spirit)으로 서서," 어쩌면 "한 성령(one Spirit)으로"(빌 1:27) 있다는 소식을 듣기 원한다. 그리고 그들이 "한 뜻으로 복음의 신앙을 위하여 협력"(빌 1:27)한다는 소식을 듣기 바란다. 그리스도인들에게 복음에 근거한 연합과 하나 되는 마음이 있어야 함을 강조한다.

첫 번째 경우에 연합은 확고부동함을 의미한다. 그리고 두 번째 경우에 연합은 끈질긴 수고와 추구를 뜻한다. 하지만 공통적인 맥락은 그리스도인이 **함께** 복음을 위해 서서 수고하는 것이 복음에 합당한 삶의 방식이라는 점이다.

세 번째 요소가 우리와 가장 직접적인 연관이 있다. 바울은 빌립보인들이 대적하는 자들로 인해 놀라지 않는다는 소식을 듣기 바란다(빌 1:28). 다른 말로 하자면, 복음에 합당한 삶은 모든 인간의 두려움을 이기는 삶이다. 그러한 두려움 없는 모습은 교회의 대적자들에게 임할 심판과 하나님의 백성에게 임할 구원의 징표다. 심판과 구원 모두 하나님으로부터 나온다.

이제 우리는 대적하는 자 앞에서 어떻게 두려움이 없을 수 있는지 이유를 물어야 할 것이다. 그리고 바울은 답변을 준비하고 있다. "그리스도를 위하여 너희에게 은혜를 주신 것은 다만 그를 믿을 뿐 아니라 또한 그를 위하여 고난도 받게 하려 하심이라 너희에게도 그와 같은 싸움이 있으니 너희가 내 안에서 본 바요 이제도 내 안에서 듣는 바니라"(빌 1:29-30).

그리스도인에게 두려움이 없는 근거는 하나님이 우리에게 두 가지를 주셨음을 알기 때문이다. 하나님은 우리가 예수님을 믿게 하셨고 우리도 예수님을 위해 고난받게 하셨다. 우리를 그리스도와 연합하게 하는 믿음과 그 연합에서 나오는 고난 모두 하나님이 주시는 선물이다. 우리는 이 두 가지가 모두 선물임을 알기에 원수 앞에서도 굳건하고 침착하다.

교회에 대한 반대는 우연히 생기지 않는다. 임의로 일어나는 것도, 무작위도 아니다. 이는 하나님이 주시는 선물이다. 따라서 우리 그리스도인은 무슨 일이든지 반대를 만나도 두려워하지 않는다. 그렇기에 이러한 두려움 없음은 오히려 현실에 부합하고 복음에 합당한 태도다.

결론

담대함, **용기** 그리고 **두려움 없음**은 빌립보서 1장의 핵심 단어들이다. 나의 목표는 이 책의 나머지에서 이 단어들에 대한 우리의 이해를 더욱 깊게 하는 것이다. 용기는 무엇인가? 용기는 어디에서 나오는가? 용기의 반대는 무엇이며, 우리는 어떻게 맞설 수 있을 것인가? 그리스도인의 담대함은 무엇이며, 어떻게 드러나는가? 용기는 남자와 여자에게서 어떻게 다르게 드러나는가?

하지만 더 깊은 질문으로 들어서기 전에 빌립보서 1장에서 용기에 관해 더욱 중요한 한 가지 요소를 살펴보기 원한다. 즉, 바울의 동지들이 점점 담대해지는 것, 바울이 죽음에 직면해서도 용기를 내는 것, 그리고 빌립보인들에게 두려워하지 말라고 권고하는 것 사이에 존재하는 연관성이다.

이 장을 시작하면서 나눈 두 가지 놀라운 사실을 돌이켜보라. 바울이 감옥에 갇힘으로 복음은 놀라울 정도로 전진한다. 그의 형제들이 담대하여져서 두려움 없이 말씀을 전했기 때문이다. 놀랍게도 그들은 바울이 투옥됨으로 주님을 더욱 신뢰할 수 있었기에 담대해졌다. 어떻게 이런 일이 일어나는가?

여기 그 원칙이 있다. 용기를 보면 용기가 전파된다. 담대함을 보면 담대함이 각성된다. 두려움 없는 모습을 보면 두려움이 극복된다.

바울은 감옥에서 자신이 처형당할 가능성을 앞두고 있다. 하지만 그는 좌절하거나 낙심하지 않고 오히려 행복하며 희망으로 가득하다. 그는 자신의 투옥을 실패로 보지 않고 도리어 복음이 전진할 기회로 본다. 그래서 간수들에게 설교하고 모든 시위대에게 예수님에 관한 좋은 소식을 선포한다. 바울은 자신을 구속한 자들이 예수님을 무시할 수 없도록 만든다. 그는 두려움 없이 말씀의 검을 휘두른다.

게다가 그는 구조되기를 기대한다. 즉, 어떤 일이 닥치든지 하나님의 성령이 자신에게 능력을 주셔서 예수님을 높이게 하시리라 기대하는 것이다. 또 그는 곧 닥칠 상실과 죽음에 직면하여 소망으로 인도되는 용기, 그리스도를 귀하게 여기는 용기를 지니고 있다. 그에게는 사는 것도 그리스도이고 죽는 것도 그리스도이기에, 그러한 실재가 대적자들과 투옥과 죽음에도 불구하고 그 안에서 불굴의 용기를 만들어 낸다.

바울의 용기를 본 그의 형제들과 동료들에게도 주님에 대한 신뢰가 자란다. 그의 용기는 전염성이 있어서 주변 사람들에게 좋은 영향을 주어 그들의 내면에 용기가 자란다. 그들은 말 그대로 바울의 용기에 **격려**를 받는다. 그리고 그의 용기는 그리스도를 자신의 가장 귀한 보배로 바라보는 것에 뿌리를 내리고 있기에, 형제들의 신뢰는 바울이 아닌 그리스도에게 있다. 그들은 **주님을 확신한다**. 그리고 주님에 대한 확신은 박해에 직면했을 때 담대함을 낳는다. 바울의 **담대함으로 고무된** 그들은 박해에 직면해서도 두려움 없이 말씀을 전한다.

또한 형제들의 담대함은 다시 바울에게 돌아와 자신의 믿음을 강하게 한다. 바울은 그들이 자신의 모범에 영감을 받아 사랑과 선한 뜻으로 진실하게 그리스도를 전한다는 소식을 듣는다. 그래서 그는 또 즐겁게 그리스도를 선포한다. 그 기쁨이 너무나 충만하기에 자신을 대적하는 자들이 질투와 경쟁심으로 그리스도를 전한다는 소식을 듣고서도 기뻐한다. 바울은 그리스도가 선포되기에 기쁨이 넘친다.

이어서 바울은 빌립보인들에게 이야기한다. 그는 생각의 틀을 바꾸어 자신의 투옥이 오히려 복음의 전진을 낳는 기회라고 보며 그들에게도 "그와 같은 싸움이 있"다는 사실을 일깨운다. 그들에게도 대적자가 있고 바울에게도 대적자가 있다. 그들에게도 원수가 있으며 그들 앞에도 위험이 있다. 바울 역시 원수가 있으며 그의 앞에 위험이 있다.

그리고 바울의 용기가 형제들을 고무했듯이, 바울 역시 자신의 용기와 형제들의 용기가 빌립보인들에게 두려움 없는 담대함을 불러일으키기를 원한다. 바울은 그들도 자신과 함께 기쁜 마음으로 용기를 내자고 북돋는다.

또 바울이 그들을 위해 기도하듯이 그들도 바울을 위해 기도해야 한다. 그리고 그들 역시 복음에 합당하도록 걸어야 한다. 굳건히 함께 서서, 함께 복음의 신앙을 얻기 위해 노력하며, 함께 좋은 소식을 두려움 없이 전해야만 한다.

빌립보서 1장의 교훈은 분명하다. 용기에는 전염성이 있고 담대함은 전파되며 두려움 없음은 전염력이 있다. 그리고 이러한 미덕이 목격될 때, 그리스도는 영광을 받는다.

chapter 1

용기를 정의하다

고전적으로 용기(또는 담력)는 지혜, 절제, 정의와 함께 네 가지 기본 덕목에 속한다. 우리가 미덕 또는 탁월함에 관해 말할 때, 그것은 무언가의 완전성을 의미한다. 즉, 본래의 진정한 광채를 드러낼 수 있도록 연마한 다이아몬드처럼 말이다. 마찬가지로 우리가 도덕에 관한 미덕을 이야기할 때는 의지의 완전성을 이야기하는 것이다. 조나단 에드워즈에 따르면, "미덕은 마음의 자질과 활동, 또는 마음에서 나오는 행동의 아름다움이다."[1]

미덕은 욕구(desire)에서 비롯한다. 즉, 무언가 좋은 것에 대한 일종의 성향이나 기질에서 시작한다. 그러한 성향이 활성화되면 우리는 그 좋은 것을 향해 움직이게 되는데, 그것을 **욕구**라고 부른다. 그리고 우리의 목표에 도달하거나 소유하게 되면 우리의 욕구가 충족 또는 성취되었다고 말한다. 또 추구하는 것이 정말로 좋은 것이고 우리가 반복적으로 그러한 성향을 발휘한다면, 그것을 미덕이라고 이야기할 수 있을 것이다. 다른 말로 하자면, 우리는 규칙적으로 반복해서 실행하는 좋은 성향과 욕구를 미덕이라고 부른다.

신학자들은 종종 하나님의 일반 역사(common work)와 구원 역사(saving work)를 구분한다. 우리는 때로 하나님의 일반 은혜와 구원의 은혜라고 말한다. 일반 은혜란, 믿는 자들과 믿지 않는 자들에게 동등하게 주어진다. 이에 비해 구원의 은혜는 하나님의 백성에게만 주어진다. 마찬가지로 일반 미덕은 믿는 자들과 믿지 않는 자들에게 동등하게 주어진다. 동등하지 않은 미덕만이 그리스도인 특유의 것이다.

그리고 바로 이 부분에서 미덕에 대한 올바른 사고의 틀이 중요하다. 용기는 다른 미덕과 마찬가지로 그리스도인과 비그리스도인 모두에게 어느 정도 존재한다. 용기, 온유, 신중, 정의, 자비, 청지기 의식, 용서, 인내, 예의, 관대, 절제, 겸손, 긍휼 그리고 신실은 모두 공통적인 미덕인데 이런 미덕도 **미덕**이긴 하다. 그것들이 존재한다는 사실은 좋은 일이고 하나님께 일반 은혜를 구해서 비그리스도인 사이에서 그러한 미덕이 생기게 해달라고 하는 것도 좋은 일이다. 하지만 그것들이 반드시 진정한 미덕인 것은 아니다.

진정한 미덕은 하나님이 성령님의 능력으로 우리를 변화시켜서 우리 안에서 이루시는 미덕이다. 다른 말로 하자면, 진정한 미덕은 그리스도와의 연합에서 흘러나오는 미덕이다. 인간적이고 세속적인 관계만을 고려한다면, 좁은 의미의 미덕은 그저 좋은 것이 아닐 수 있다. 그것들은 절대적인 의미에서 좋은 것이다. 그리스도를 믿는 믿음과 하나님에 대한 사랑에서 흘러나오기 때문이다.

다르게 말하자면, 우리가 용기라는 미덕을 탐구할 때는 용기를 발현하게 하는 원칙이 중요하다는 뜻이다. 즉, 그저 외적으로 나타나는 행위뿐 아니라, 그 동기 역시 마찬가지로 의미가 있다는 말이다. 우리는 미덕의 원기, 즉 우리가 습관적으로 행동하도록 이끄는 역동적인 원칙이 정말로 중요하다고 믿는다. 그리고 하나님이 우리 미덕의 근원이요 수단이며 목적이라는 점이 중요하다.

우리의 미덕으로 하나님을 기쁘시게 하기 원한다면, 우리는 이것을 명심해야 한다. "믿음이 없이는 하나님을 기쁘시게 하지 못하나니 하나님께 나아가는 자는 반드시 그가 계신 것과 또한 그가 자기를 찾는 자들에게 상 주시는 이심을 믿어야"(히 11:6) 하기 때문이다.

산상수훈에서 두 구절을 생각해 보자.

"이같이 너희 빛이 사람 앞에 비치게 하여
그들로 너희 착한 행실을 보고 하늘에 계신 너희 아버지께
영광을 돌리게 하라"(마 5:16).

"사람에게 보이려고 그들 앞에서 너희 의를 행하지 않도록
주의하라 그리하지 아니하면 하늘에 계신 너희 아버지께
상을 받지 못하느니라"(마 6:1).

두 경우 모두 다른 이들 앞에서 미덕이 실천된다. 빛이 비치고 의가 행해진다. 그런데 그중 하나는 칭찬을 받고 다른 하나는 정죄를 받는다. 다른 이에게 보이지만 하나님을 기쁘시게 할 수 없는 방식이 있고, 다른 이에게 보이지만 하나님을 기쁘시게 하는 방법이 있다. 베드로전서가 그 의미를 밝힌다.

"각각 은사를 받은 대로 하나님의 여러 가지 은혜를 맡은
선한 청지기 같이 서로 봉사하라 만일 누가 말하려면
하나님의 말씀을 하는 것 같이 하고 누가 봉사하려면
하나님이 공급하시는 힘으로 하는 것 같이 하라
이는 범사에 예수 그리스도로 말미암아 하나님이 영광을
받으시게 하려 함이니 그에게 영광과 권능이 세세에
무궁하도록 있느니라 아멘"(벧전 4:10-11).

우리는 봉사할 때, 하나님의 은혜를 맡은 청지기로서 봉사한다. 하나님은 우리 안에서 하나님 보시기에 기쁜 일을 행하신다. 우리는 그분이 공급하시는 힘으로 봉사한다. 힘을 공급하시는 분이 영광을 받으시는 분이기 때문이다. 바로 이러한 이유로 바울은 그리스도인의 삶의 역설을 빈번하게 표출한 것이다. "내가 모든 사도보다 더 많이 수고하였으나 내가 한 것이 아니요 오직 나와 함께 하신 하나님의 은혜로라"(고전 15:10). "내가 그리스도와 함께 십자가에 못 박혔나니 그런즉 이제는 내가 사는 것이 아니요 오직 내 안에 그리스도께서 사시는 것이라 이제 내가 육체 가운데 사는 것은 나를 사랑하사 나를 위하여 자기 자신을 버리신 하나님의 아들을 믿는 믿음 안에서 사는 것이라"(갈 2:20).

그러므로 우리가 용기라는 미덕을 고찰하고, 이러한 선한 성향의 습관적 실행을 탐구할 때는, 우리 미덕의 근원이자 수단이자 목표이신 하나님이 영광 받으셔야 한다는 점을 확실히 하고 싶다. "만물이 주에게서 나오고 주로 말미암고 주에게로 돌아감이라 그에게 영광이 세세에 있을지어다"(롬 11:36).

용기의 역설

이 장은 우선 동등하게 주어진 미덕으로서의 용기에 초점을 둔다. G. K. 체스터턴(Chesterton)은 이렇게 말한다. "용기란 용어 자체가 모순이다. 용기란, 기꺼이 죽으려는 식으로 살겠다는 강한 욕구를 의미한다."[2] 이는 보다 높고 고상한 형태의 용기뿐 아니라 세속적이고 상당히 잔인한 형태의 용기도 해당한다.

"자기 목숨을 얻는 자는 잃을 것이요 자기 목숨을 잃는 자는 얻으리라"는 말씀은 성인과 영웅들에게만 해당하는 신비주의적 글귀가 아니다. 선원이나 산악인들에게는 일상적인 조언이다. 산악인 안내서 또는 훈련 교범에 인쇄되어 있을 만한 글이다. … 바다로 고립된 사람은 벼랑에서 목숨을 잃을 감수를 해야 생명을 구할 수 있다. 그는 계속해서 조금씩 죽음으로 나아가야만 죽음에서 벗어날 수 있다. 적들에게 둘러싸인 군인이 활로를 열려면 살고자 하는 강렬한 욕구에 더해 죽음에 대한 일종의 기묘한 경솔함을 갖춰야만 한다. 그는 그저 사는 것에만 매달려 있어서는 안 된다. 그러면 그는 겁에 사로잡혀 도망칠 수 없다. 그는 죽음을 기다리고 있어서만도 안 된다. 그러면 그는 자살하고 말 것이고 도망칠 수 없다. 그는 생명에 대해 극도로 무관심한 태도로 자기 생명을 추구해야 한다. 그는 생명을 물처럼 열망하면서도 죽음을 포도주처럼 마셔야 한다.[3]

따라서 우리는 우선 용기의 역설적 특징을 인식해야 한다. 모든 용기는 우리 내면에 있는 일종의 이중적인 시각, 심지어 분열을 암시한다. 한편에는 위험, 위협 등 우리 안에 두려움을 일으키는 것이 존재한다. 또 다른 한편에는 보상, 상급 등 우리가 열망하는 것이 있기에 우리는 두려움을 극복하고 위험을 직면할 수 있다.

위험과 보상 모두 객관적인 차원과 주관적인 차원을 지닌다. 객관적으로는 고난, 아픔, 고통, 죽음과 같은 외적인 위험이 존재한다. 이러한 위험은 우리 안에 두려움을 일깨우기 때문에 우리는 주관적으로 두려워하게 된다. 우리는 고통에 움츠러들고 고통을 피하려고 하는 것이 자연스러운데, 특히 죽음은 더욱 그러하다. 바울은 고린도후서 7장 5절에서 이 두 차원을 간결하게 규정한다. "밖으로는 다툼이요 안으로는 두려움이었노라."

마찬가지로 보상에도 객관적인 측면이 있다. 우리 앞에는 생명, 명예, 우리가 사랑하는 이들의 구원 등과 같은 것들이 전부 위험의 반대편에 존재한다. 그리고 위험이 두려움을 일깨우듯이, 보상도 욕구를 일깨운다. 우리는 살고 싶어 하며 명예를 얻고 싶어 한다(적어도 수치를 당하고 싶어 하지는 않는다). 우리는 사랑하는 이의 생명과 안전을 지키고 싶어 한다.

따라서 위험에 직면할 때 자연스러운 위축, 즉 도망치거나 뒤로 물러서려는 충동에 저항하여 밀고 나간다. 우리는 밀어붙이고 위험을 감수하며 고통을 견딘다. 우리의 생명(또는 다른 이의 생명)을 구하겠다는 희망으로 생명을 잃는다(아니면 적어도 생명을 건다).

1. 용기를 정의하다 / 41

결정적으로 용기는 실제로 위험을 직면했을 때만 나타난다. 위험이 근접해 있지 않다면 용기도 필요하지 않다. 더 중요한 사실은, 용기란 진정한 두려움이 있을 때만 나타난다는 점이다. **두려움**이 없으면 용기도 없다. 안개가 자욱한 날에 무심코 위험한 벼랑 끝을 걷는 사람이 용기 있는 것은 아니다. 그의 무지함이 그를 두려움과 용기로부터 분리한다. 그에게 절벽을 인식시킨다면, 두려움이 생길 것이고 그로 인해 오히려 용기도 생길 수 있다.

두려움과 욕구

그렇다면 용기는 언제나 위험과 보상, 그리고 두려움과 욕구에 대한 이중적인 관점이 있다. 두려움과 욕구 사이의 관계를 더 깊이 생각해 보자. 첫째, 두려움과 욕구는 뗄 수 없는 개념이다. 우리가 두려워할 것인가 그렇지 않은가의 **여부**는 문제가 아니다. **무엇을** 두려워하는가가 문제다. 또 우리가 욕구할 것인가 그렇지 않은가의 **여부**는 문제가 아니다. **무엇을** 욕구하는가가 문제다.

둘째, 두려움과 욕구 모두 좋은 것들과 관련이 있다. 우리는 좋은 것들을 욕구하고 좋은 것들의 상실을 두려워한다. 그리고 이 둘은 종종 상호적이다. 우리가 바라는 좋은 것들은 우리가 잃기 두려워하는 것들과 동일하다. 우리는 살아가기를, 생계를 꾸리기를, 좋은 평판을 얻기를, 건강하고 잘 살기를, 의미 있는 관계를 누리기를 그리고 목적이 있는 삶을 살기를 바란다. 마찬가지로 우리는 생명, 생계, 명성, 건강, 부유, 관계 그리고 목적이 상실되는 것을 두려워한다.

셋째, 두려움과 욕구는 도덕적으로 중요한 문제다. 다른 말로 하자면, 우리는 **반드시** 욕구해야 하는 것들과 **반드시** 두려워해야 할 대상이 있다는 것이다. 여기에는 약간의 설명이 필요하다.

C. S. 루이스는 자신의 강의를 책으로 낸 『인간 폐지』(The Abolition of Man)에서 도(Tao)의 개념을 소개한다. 이는 우주에 내재한 객관적 이성 및 도덕 질서로서 우리가 때로 **자연법**(natural law)이라고 하는 것에 대응해 그가 사용한 용어다. 루이스는 모든 고대 문화와 문명권에 우주의 객관적인 도덕률에 대한 믿음이 공통으로 존재했음을 보여준다. (그는 이런 보편성을 전하기 위해 동양 종교에서 **도**란 용어를 정확하게 차용한다. 그는 객관적인 도덕률에 대한 믿음이 그저 서양과 유럽과 기독교의 신념이라는 암시를 피하고 싶어 한다.) 루이스는 이렇게 말한다.

현대 이전까지만 해도 모든 교사뿐 아니라, 심지어 모든 사람은 우주 만물에 대해 조화 혹은 부조화의 감정적 반응을 할 수 있다고 믿었습니다. 즉, 단순히 우리 편에서 승인하거나, 불승인하거나, 존경하거나 경멸할 뿐 아니라, 대상들 자체가 그런 것을 받을 **자격**을 가졌다고 믿었습니다.[4]

도에서 가장 핵심은 객관적인 가치의 교리다. 즉, "우주의 어떤 것에 대해서, 또 우리의 어떤 면에 대해서 어떤 태도는 진실로 참되지만, 또 어떤 태도는 정말로 거짓됐다는 믿음이다."

아이들은 즐거움을 주는 존재이고 노인들은 공경해야 할 존재라고 말하는 것은, 단순히 부모나 자식의 입장에서 우리가 품을 수 있는 심리적 감정 상태를 나타내는 말이 아니라, 그들에게는 우리로부터 합당한 응답을 **받아야 하는** 어떤 특질이 있음을 인정하는 말이라는 것이, 도를 아는 이들의 주장입니다.

… 이렇듯 우리의 승인과 불승인은 객관적 가치에 대한 인정이며 객관적 질서에 대한 응답이기에, 우리의 감정 상태는 이성과 조화로운 관계일 수도 있고(우리가 마땅히 승인하는 것을 좋아할 때) 조화롭지 못한 관계일 수도(마땅히 좋아해야 한다고 인식은 하지만, 그렇게 할 수 없을 때) 있습니다.[5]

그렇다면 태도와 감정 상태(두려움과 욕구와 같은)는 옳을 수도 있고 그를 수도 있으며, 도덕적일 수도 있고 비도덕적일 수도 있다. 루이스는 계속 비례의 원칙이라는 관점에서 객관적 가치의 교리를 풀어간다. 이는 간단히 말해 우리가 **사물의 가치에 따라 가치 평가를 해야 한다**는 의미다.

트러헌(Traherne)은 이렇게 묻습니다. "저마다의 가치에 알맞게 사물에게 정당한 존경을 나타내지 않는 사람이라면 어떻게 의로운 사람이 될 수 있겠는가? 만물은 당신의 것이 되라고 만들어진 것이며, 당신은 그것들을 그 가치에 따라 존중하라고 만들어진 존재다." … 성 아우구스티누스는 덕(virtue)을 오르도 아모리스(ordo amoris), 즉 모든 대상이 그 가치와 정도에 합당하게 사랑받는 애정의 질서 상태라고 정의했습니다. 교육의 목적은 마땅히 좋아해야 할 것은 좋아하고 싫어해야 할 것은 싫어하도록 가르치는 것이라고 아리스토텔레스는 말합니다.[6)]

그러면 우리는 마땅히 바랄 것을 바라고 마땅히 두려워할 것을 두려워하는 것도 추가할 수 있을 것이다. 따라서 두려움과 욕구의 문제로 돌아와서, 두려움과 욕구가 불가피할 뿐만 아니라 도덕적이며 일종의 질서 또는 위계에 따라 배열될 수 있다고 말할 수 있다. 그리고 질서 잡힌 사랑과 질서 잡힌 욕구와 질서 잡힌 두려움에 관해 이야기할 수 있다.

영혼의 단계

이제 우리는 두려움과 욕구에 관한 네 번째 사실에 이른다. 두려움과 욕구는 정념(passions)이다. 정념은 즉각적이고 충동적이며 거의 본능적인 영혼의 움직임이다. 우리가 현실을 읽는 방식에 대한 즉각적인 반응을 정념이라고 부르는데 그 이유는 우리가 그것들 앞에서 **수동적**(passive)이기 때문이다. 그것들은 우리가 취하는 행위가 아니다(앞으로 살펴보겠지만, 그럼에도 불구하고 우리는 그에 대한 책임을 진다). 오히려 그것들은 우리에게 발생하고 우리에게 닥쳐오며 우리 안에서 일어난다. 성경은 두려움이 사람들에게 닥치거나(눅 1:12, 행 19:17), 사람들에게 임하거나(눅 1:65, 행 5:5), 사람들을 가득 채우거나(막 4:41, 눅 2:9), 사람들을 사로잡는(눅 7:16, 8:37)다고 계속해서 말한다.

정념은 고전적으로 어떤 대상에 대한 욕구 또는 혐오감인 단순 정념(simple passion)과 방해물이나 어려움에 직면하여 어떤 대상을 하고 싶어 하는 또는 하기 싫어하는 (복합적인) 불굴의 정념(arduous passion)으로 분류된다. 단순 정념은 사랑, 증오, 욕망 그리고 슬픔 등을 포괄한다. 불굴의 정념은 희망, 두려움, 대담함 그리고 분노를 포괄한다.

정념은 우리 영혼의 움직임이지만, 또한 우리의 몸과도 밀접하게 엮여있다. 그래서 성경은 빈번하게 그것들을 영과 육의 정념 또는 욕망으로 언급한다. "그러므로 너희는 죄가 너희 죽을 몸을 지배하지 못하게 하여 몸의 사욕(passion)에 순종하지 말고"(롬 6:12). "영혼을 거슬러 싸우는 육체의 정욕(passion)을 제어하라"(벧전 2:11).

정념이 우리의 몸과 밀접하게 엮여있는 것이 사실이지만, 소화

나 호흡 또는 성장과 같이 자동적인 과정은 아니다. 물론 위에서 언급했듯이 우리가 즉각적으로 통제할 수 있는 것도 아니다.

우리의 경험 안에 존재하는 다양한 단계를 포괄하는 그림을 상상해 보자. 여러 층으로 이루어진 건물을 생각해 보라. 지하실에는 자동 처리 과정인 호흡, 혈액 순환, 음식 소화 그리고 성장과 같은 것들이 웅웅대는 소리를 낸다. 이러한 신체의 작용은 비합리적이고 비자발적이다. 그것들은 우리 편에서 내린 어떤 선택이나 결정과 상관없이 발생한다. 꼭대기 층은 우리의 지성이나 의지로서, 추론과 선택의 단계다.

그리고 정념은 부분적으로는 이성적이며 부분적으로는 비자발적이다. 그것들은 우리 주위에 일어나고 있는, 또는 일어날 수 있는 일에 대한 우리의 신속한 판단과 인식에 근거한 즉각적인 반응이다. 우리는 어느 정도 이러한 중간층을 동물과 공유한다. 다만 동물은 인간처럼 추론하고 선택하지 않는다. 동물은 어떤 대상이 위험한지 바람직한지를 인지하고 그 반응으로 두려움 또는 욕구를 느낀 후, 그에 따라 반응한다.

의연함과 대담함

이렇듯 여러 층이 있는, 또는 계층이 나뉜 인간의 심리에 대한 이해가 있으면, 용기의 가능성을 창조하는 분열 또는 갈등을 더 잘 이해할 수 있다. 『인간 폐지』에서 루이스는 다시 큰 도움을 준다. 그는 우리의 욕구, 욕망 그리고 본능이 너무나 강력해서 "지성은 훈련된 감정의 도움 없이는 동물적 유기 조직에 맞서기에 무력"[7]하다고 말한다. 우리의 정념을 억제하지 않으면, 그 정념은 매우 강력해져 우리를 지배하게 된다. 폭격을 당하는 상황에서 삼단 논법과 논증으로는 우리의 신경과 근육을 제 자리에 붙들어 놓을 수 없다고 그는 지적한다. 지성이 정념을 지배하기 위해서는 그 이상의 무언가가 필요하다.

> 이는 이미 오래전에 플라톤이 한 말입니다. 왕이 신하들을 통해 나라를 다스리듯, 인간 내부의 이성은 '심혼적 요소(spirited element)'를 통해 욕망을 통치해야 합니다. 머리는 가슴을 통해 배를 다스립니다. 알라누스의 말처럼, 가슴은 도량(관대함, Magnanimity)-훈련된 습관을 통해 안정된 정서로 조직화된 감정-이 거하는 자리입니다. 가슴-도량-정서는 소위 말해 인간의 뇌(지성)와 장(본능)을 연결하는, 없어서는 안 될 연결선입니다.[8]

플라톤에게는 이 "심혼적 요소", 즉 지성이라는 꼭대기와 욕구라는 중간층 사이에 존재하는 연결선들이 용기의 중심지다. 따라서 용기는 어려움과 고난에 직면할 때 나오는 일종의, 마음의 결심이라고 할 수 있다. 우리가 경험하는 갈등은 두려움이라는 정념(중간층에서)과 선한 것에 천착하려는(또는 악한 것을 피하려는) 더 높은 욕구 사이에 있다. 그렇기에 용기란 더 위대한 선을 향한 더 깊은 욕구의 능력으로 두려움을 극복하는 습관적이고 침착한 냉정함이다.

그렇다면 용기는 적어도 두 가지 방식으로 나타난다. 한편으로, 용기는 위태로움 또는 위험에 직면했을 때 선을 향해 나아간다. 불확실성 앞에서 모든 것을 내놓고 위험을 무릅쓰는 것이다. 우리는 이를 모험심 또는 대담함이라고 부를 수 있다.

다른 한편으로, 용기는 고통 또는 유혹 앞에서도 선을 지킨다. 그리고 고난, 어려움, 고통, 심지어 죽음 앞에서도 물러서거나 도망치려는 충동에 저항한다. 또한 작은 보상을 약속받고도 그 자리에서 멀어지기를 거부한다. 우리는 이를 의연함 또는 인내라고 부른다.

용기의 이 두 가지 표현 방식이 우리가 앞 장에서 살펴본 빌립보서 1장의 구절에서 나타난다. 복음에 합당한 삶의 방식은 "굳게 서서"(의연함, 새번역 27절)와 "함께 싸우며"(대담함, 새번역 27절) 모두를 포괄한다. 후자는 전진과 진보를 암시하는데 대담함으로 고지를 차지하는 것이다. 전자는 요지부동을 암시하고 의연함은 이미 점령한 언덕을 지키는 것이다.

그리고 용기는 어느 방식이든 과잉을 피한다. 가장 분명한 점은 비겁함의 반대가 용기라는 사실이다. 비겁함은 두려움에 굴복하여 위험을 각오하지 못하고 고통, 어려움 그리고 죽음 앞에서 후퇴한다.

동시에 용기는 무모함 또는 경솔함의 반대이기도 하다. 용기는 이성과 지혜의 인도를 받는데, 즉 두려워해야 할 것과 두려워하지 말아야 할 것을 인식하고 계속해서 큰 그림을 시야에 유지하는 것이다.

또한 용기는 필요한 위험과 불필요한 위험을 구분한다. 어떤 사람은 짜릿함을 위해 목숨을 걸기도 한다. 그래서 밧줄 없이 절벽을 오르거나 비행기에서 스카이다이빙을 즐긴다. 또 어떤 사람은 위험에 처한 다른 사람을 구하기 위해 목숨을 걸기도 한다. 아이를 구하기 위해 불타는 건물로 돌진하거나 조국을 위해 전쟁에 나서는 것처럼 말이다. 짜릿함을 추구하는 일은 일종의 대담함일 수는 있다. 하지만 자기 죽음을 감수하고 목숨을 구하는 일은 용감한 일이다. 위험을 무릅쓰는 이유가 중요하다.

결론

우리는 용기의 전반적인 형태를 다음과 같이 요약할 수 있다. 용기는 일종의 이중적 시야를 수반한다. 즉, 우리 앞에 있는 위험과 고난과 더불어 그 너머에 있는 보상과 선을 살피는 것이다. 또 용기는 외적인 고난에 직면할 때 발생하는 내적 갈등 가운데 일어난다. 고통을 두려워하는 것과 쾌락을 바라는 것, 악을 혐오하는 것과 선을 향해 움직이는 것, 이 사이의 긴장 관계에서 용기가 생길 환경이 조성된다. 두려움과 욕구는 불가피하다. 다만 용기는 우리의 두려움과 욕구를 바르게 조정하여, 우리가 마땅히 두려워할 것을 두려워하고 마땅히 욕구할 것을 욕구하게 한다.

그리고 용기는 정념을 통제하는 마음을 안정적으로 습관화한 것이다. 특히 두려움의 정념을 우월한 욕구(또는 우월한 두려움)의 능력으로 통제하는 것이다. 동료의 존경을 열망한다면(그리고 동료들 앞에서 수치 당할 것을 두려워한다면), 신체적 위험에 직면했을 때도 마음을 단단히 먹을 수 있다. 혹은 가족을 사랑한다면, 자기 안전에 대한 불안감이 정복된다. 그래서 가족을 구출하기 위해 불난 집으로 다시 돌진하는 것이다.

또한 가슴속에 자리 잡은 용기는 지혜의 인도를 따라 우리의 정념을 억제한다. C. S. 루이스는 이렇게 말한다. "용기는 단순히 수많은 미덕 가운데 하나가 아니라, 시험의 순간, 즉 가장 첨예한 현실과 마주치는 순간에 모든 미덕이 하나같이 취하는 형태다."[9] 상황이 수월할 때만 순수하거나 정직하다면, 진정으로 순수하거나 정직하거나 고상한 것이 아니다.

용기는 무모함의 과잉에 빠지지 않은 대담함으로 나타나며 위험을 무릅쓴다. 또 수동성 또는 비겁함에 굴복하지 않는 의연함으로 나타나며 고난을 견딘다. 따라서 우리는 진정한 용기를 접

할 때마다, 그것이 아름답고 고결하다는 사실을 틀림없이 알 수 있다. 이는 모든 사람이 흠모하는 사랑스러운 미덕이다.

이것이 용기라는 미덕의 일반적이고 흔한 모습이다. 그런데 이 책은 그저 일반적인 미덕에 관한 내용이 아니다. 그리스도인의 용기에 관한 책이다. 그러면 이 자연적인 미덕이 어떻게 초자연적으로 될 수 있는가? 일반적인 용기를 거룩한 용기로 바꾸는 것은 무엇인가?

chapter 2

성경이 말하는 용기

용기는 고난, 고통, 위험에 직면할 때 선한 것을 고수함으로(또는 애를 씀으로) 두려움을 극복하는 마음과 정신의 습관이다. 모든 형태의 용기에는 이 두 요소, 즉 보상 또는 선 그리고 위험 또는 악이 존재한다. 그리고 지난 장에서는 우리가 반드시 직면해야만 하는 다양한 위험과 보상이 존재함을 살폈다.

부모는 자녀를 구하기 위해 자신의 안전을 내건다. 군인들은 전우와 동족을 위해 싸울 때 죽음의 두려움을 극복한다. 내부 고발자는 진실을 밝히기 위해 사회에서 낙인찍히고 매장당할 것을 감수한다. 이 경우들에서는 가족, 조국, 명예와 같은 더 위대한 선 때문에 고통, 죽음, 불명예, 명성의 실추와 마주하게 된다. 하지만 이 모든 일은 일반적인, 혹은 자연적인 수준에서 작동한다.

초자연적인 수준에 이르기 위해서는 반드시 영원한 천상의 위험과 보상이라는 개념을 가져와야 한다. 실제로 영원한 위험이 존재하고 영원한 보상이 존재하기 때문이다.

성경이 말하는 용기는 세상의 모든 위험에 직면했을 때 가장 크고도 영원한 위험에서 구원받았다는 확신으로 영원한 선을 고수하고 추구하는 것을 의미한다.

우리의 가장 큰 위험

그렇다면 한 인간이 직면하게 되는 가장 큰 위험은 무엇인가? 육체의 고통도 아니고 사회적 매장도 아니며 심지어 죽음도 아니다. 사실 우리가 직면하는 가장 큰 위험은 하나님이다. 그리고 그분이 우리에게 위험인 이유는 바로 그분이 절대적으로 선하시기 때문이다. C. S. 루이스는 우리에게 상기한다.

> 절대 선의 시선과 마주치면 재미있을 것이라고 말하는 사람들이 간혹 있습니다. 그들은 재고할 필요가 있습니다. 그들은 종교를 가지고 장난을 치고 있습니다. 선은 우리가 반응하는 방식에 따라 가장 큰 안전책이 될 수도 있지만, 가장 큰 위험이 될 수도 있습니다. 그런데 지금까지 우리는 그 선에 잘못된 방식으로 반응

해 왔습니다.[1]

죄인들에게 하나님은 최고의 공포다. 그리고 우리의 상태를 바르게 이해한다면 두려워하는 것이 옳다. 성경은 이렇게 말씀한다. "살아 계신 하나님의 손에 빠져들어 가는 것이 무서울진저"(히 10:31). 예수님도 우리의 두려움을 바르게 정리해 주시기 위해 이 점을 지적하신다.

"내가 내 친구 너희에게 말하노니 몸을 죽이고
그 후에는 능히 더 못하는 자들을 두려워하지 말라
마땅히 두려워할 자를 내가 너희에게 보이리니
곧 죽인 후에 또한 지옥에 던져 넣는 권세 있는 그를 두려워하라
내가 참으로 너희에게 이르노니 그를 두려워하라"(눅 12:4-5).

이는 우리가 지난 장에서 살펴본 바로 그 요점이다. 우리는 특정한 대상들을 두려워해야 하나, 그 외의 대상들은 두려워하지 말아야 한다.

지옥에 보낼 권세가 있으신 거룩하신 하나님을 두려워하는 것이야말로 모든 인류가 당면한 문제다. 성경은 우리의 영원한 위험을 경고하는 내용으로 가득하다. 하나님의 진노는 "불순종의 아들들에게"(엡 5:6) 임할 것이다. 사실은 지금도 진노는 "불의로

2. 성경이 말하는 용기 / 55

진리를 막는 사람들의 모든 경건하지 않음과 불의에 대하여"(롬 1:18-19) 나타나고 있다.

지금으로서는 하나님의 진노란, 우리를 "마음의 정욕"과 "부끄러운 욕심"에 내버려두셔서 우리가 "모든 불의"(롬 1:24-32)를 행하도록 승인하시는 것이다. 하지만 하나님이 인간의 반역에 심판을 내리실 "진노의 날"이 온다(롬 2:5). 이기적이고 진리를 억누르는 자들에게는 진노와 분노와 환난과 곤고가 있을 것이다(롬 2:8-9).

그리고 로마서 3장에 따르면 우리는 모두 정죄를 받았다.

> "의인은 없나니 하나도 없으며
> 깨닫는 자도 없고
> 하나님을 찾는 자도 없고
> 다 치우쳐 함께 무익하게 되고
> 선을 행하는 자는 없나니…
> 그들의 눈 앞에 하나님을 두려워함이 없느니라"(롬 3:10-18).

우리는 본래 악한 세력에 이끌리어 "허물과 죄로 죽었"고 "이 세상 풍조를 따르고" "우리 육체의 욕심을" 따라 살아가며 육체와 마음이 원하는 악한 욕망에 휘둘려 산다(엡 2:1-3).

한 마디로 "모든 사람이 죄를 범하였으매 하나님의 영광에 이르지 못"(롬 3:23)한 것이다. 우리는 본질상 진노의 자녀이기에 상상할 수 있는 가장 큰 위험 앞에 놓여 있으며, 따라서 반드시 두려움에 압도되어야만 한다.

하지만 하나님이

"하지만 하나님이!" 어쩌면 이 말은 성경에서 가장 위대한 표현이다. 하지만 하나님은 자비가 풍성하시고 사랑이 크시기에 우리를 죄와 사망과 그분의 진노 아래 내버려두지 않으신다. 하나님이 직접 그리스도를 보내셔서 우리를 구원하셨다는 사실이 좋은 소식이다.

예수 그리스도는 완전한 사람이자 완전한 하나님으로서 하나님 앞에 완벽하고 거룩한 삶을 사셨다. 그리고 더 나아가 그분은 우리 대신 속죄물이 되셔서 진노를 받은 희생제물로 죽으셨다.

이에 해당하는 성경의 용어가 **화목제물**(propitation)인데 우리의 궁극적이고 영원한 위험을 해결하신 것이다. 우리의 빚은 상환됐고 하나님의 진노는 사라졌다. 그리스도가 죄인들을 위해 십자가에서 죽으셨기에 우리는 기쁘게 "다 이루었다"고 말할 수 있다.

하지만 그리스도는 우리를 위해 죽기만 하신 것이 아니다. 그분은 또한 우리 대신, 우리를 의롭게 하시려고 살아나셨다. 그분은 죄와 분노만 처리하신 것이 아니라, 더 나아가 죽음을 정복하셨다. 죽음은 결정적으로 패배했다. 그리스도의 부활은 우리에게 살아있는 희망을 주기에 우리는 죽음의 두려움에서 구원받는다.

"하지만 하나님이!"
"다 이루었다."
"그가 살아나셨느니라."

이것이 좋은 소식이다. 그리고 우리가 믿음으로 이 소식을 받을 때 하나님은 보시기에 우리가 의롭다고 선포하신다. 하나님은 자기 아들을 믿는 믿음만 있으면, 경건하지 않은 자도 의롭다고 여기신다. 우리가 예수님을 받아들이면, 그분으로 충분하다. 우리의 모든 죄는 용서받고 그분의 모든 의가 우리의 것으로 여겨진다.

그리고 우리는 "믿음으로 의롭다 하심을 받았으니…하나님과 화평을 누리"(롬 5:1)게 된다. 더 이상 반역도, 하나님께 적의도 없다. 그리고 진노의 위협이나 지옥에 던져질지 모른다는 두려움도 없다. 이제 우리는 살아계신 하나님과 화평을 누리기 때문에, 그분의 수중에 들어가는 일도 더는 두렵지 않다.

이 복음이 그리스도인이 지닌 용기의 원천이다. 이것이 거룩한 담대함과 굳센 용기의 근원이다. 그리고 이 복음의 용기에는 두 가지 특별한 움직임이 있다. 하나는 하나님 앞에서의 담대함이고 다른 하나는 사람 앞에서의 담대함이다.

하나님 앞에서의 담대함

하나님의 은혜라는 복음과 오직 믿음으로 인한 칭의 교리는 하나님 앞에서 거룩한 담대함을 낳는다. 그리스도인은 하나님의 임재로 조심조심 나아가지 않고, 위대한 대제사장을 의지하여 확신과 담대함으로 하나님의 보좌 앞에 나아간다. 우리는 그곳이 **은혜의** 보좌임을 알고 무언가 필요할 때 하나님이 풍성히 자비를 베푸시는 분이심을 알기 때문이다(히 4:14-16).

그 뒤에 이어지는 구절에서도 동일한 권면을 확인할 수 있다.

"그러므로 형제들아 우리가 예수의 피를 힘입어 성소에 들어갈
담력을 얻었나니 그 길은 우리를 위하여 휘장 가운데로
열어 놓으신 새로운 살 길이요 휘장은 곧 그의 육체니라
또 하나님의 집 다스리는 큰 제사장이 계시매 우리가 마음에
뿌림을 받아 악한 양심으로부터 벗어나고 몸은 맑은 물로
씻음을 받았으니 참 마음과 온전한 믿음으로 하나님께 나아가자
또 약속하신 이는 미쁘시니 우리가 믿는 도리의 소망을
움직이지 말며 굳게 잡고"(히 10:19-23).

우리는 예수님의 피를 힘입어 하늘의 성소로 들어갈 담력을 얻었다. 그분이 우리의 큰 대제사장이시며 하나님의 영원한 집을 다스리신다. 우리의 마음은 그분의 피로 깨끗하게 되었고 우리의

몸은 그분의 이름으로 세례를 받으면서 씻어졌다. 그리고 이러한 이유로 우리는 거룩하신 하나님께 가까이 나아갈 수 있다고, 그것도 두려움 없이 접근할 수 있다고 완전히 확신한다. 신실하신 하나님이 그렇게 약속하셨기 때문이다.

사도 요한도 비슷하게 하나님 앞에서 우리의 확신과 담대함을 이야기한다. 하지만 요한은 우리의 관심을 앞으로 임할 심판과 더불어 예수님이 행하신 일로 인해 우리가 오늘 당장 품을 수 있는 확신에 돌린다. 그는 독자들에게 예수님 안에 머물라고 권한다. "그가 강림하실 때에 우리로 담대함을 얻어 그 앞에서 부끄럽지 않게 하려 함이라"(요일 2:28).

몇 절 후에 요한은 독자들에게 그저 말뿐이 아닌 행동으로 서로를 사랑하라고 권면한다(요일 3:18). 그렇게 함으로 우리는 진리에 속해 있음을 나타내며 스스로 정죄할 때도 자신을 안심시킬 수 있다.

> "이는 우리 마음이 혹 우리를 책망할 일이 있어도
> 하나님은 우리 마음보다 크시고 모든 것을 아시기 때문이라
> 사랑하는 자들아 만일 우리 마음이 우리를 책망할 것이 없으면
> 하나님 앞에서 담대함을 얻고 무엇이든지 구하는 바를
> 그에게서 받나니 이는 우리가 그의 계명을 지키고
> 그 앞에서 기뻐하시는 것을 행함이라"(요일 3:20-22).

우리 앞에 두 가지 시나리오가 있다. 첫 번째 시나리오를 따르면, 마음이 우리를 정죄할 것이다. 아마도 필시 우리가 죄 가운데 머물러 있기 때문일 것이다. 우리는 하나님의 명령을 여전히 완벽하게 지킬 수 없다는 것을 안다. 우리 양심은 자신을 찌르고 우리 마음에는 우리가 정죄 받는 것이 마땅하다는 하나님의 심판에 공명한다.

이러한 상황에서 동료 그리스도인에 대한 우리의 사랑은, 우리가 예수님께 속해 있으며 그분을 믿을 때 하나님이 그분의 영으로 우리 안에 거하신다는 사실을 재확인해 준다(요일 3:23-24). 심지어 우리가 이를 잊을 때도 하나님은 잊지 않으신다. 우리가 스스로 정죄하는 것보다 하나님이 우리를 값없이 의롭다고 여기심이 크다.

반면에 우리가 분명하게 빛 가운데 걷고 하나님의 명령을 지켜서 스스로 정죄하지 않을 때도 있다. 그러한 경우에 우리는 임박한 심판을 전혀 두려워하지 않는다. 우리는 하나님 앞에서 자신만만하고, 히브리서처럼 그분의 보좌에 담대히 나아가 우리의 기도에 응답해달라고 담대히 구한다(히 4:16).

자신이 쓴 첫 편지의 마지막에 이르러 요한은 다시 하나님 안에 거하는 것과 하나님의 심판 앞에서 담대한 것 사이의 중요한 상관관계를 강조한다. 우리가 예수님이 하나님의 아들이심을 고백하면, 우리를 향하신 하나님의 사랑을 받고 그 사랑을 하나님께 돌려 드리게 된다(요일 4:15). 그렇게 함으로 우리는 사랑 안에 거하고 하나님 안에 거한다(하나님은 사랑이시기 때문에 이는 같은 것이다).

그리고 우리를 향한 하나님의 사랑이 커지면, 하나님을 향한 사랑으로 되돌아가고 이웃을 향해 사랑이 흘러넘치게 되는데, 이 때 하나님의 사랑이 우리에게 온전히 이루어진다(요일 4:17). 이 온전한 사랑은 모든 두려움을 내쫓는데, 특별히 형벌에 대한 두려움을 쫓는다(요일 4:18). 그래서 우리는 심판 날에 오히려 담대하다(요일 4:17).

요한일서와 히브리서에서의 메시지는 같다. 예수님이 행하신 일 때문에 우리는 임박한 심판에 대한 모든 두려움에서 구조됐다. 우리는 직면한 가장 큰 위험에서 구원받았고 그 결과 하나님께 가까이 나갈 수 있는 담대함이 생겼다.

찰스 웨슬리는 자신이 지은 유명한 찬송가 마지막 절에서 성경이 말하는 이 진리의 아름다움을 잘 포착한다.[2]

> 어떤 정죄도 두렵지 않네.
> 예수님과 그분 안의 모든 것이 나의 것!
> 살아있는 머리이신 그분 안에 나는 살아있네.
> 신령한 의로 옷 입었네.
> 담대하게 영원한 보좌로 나아가
> 왕관을 요구하네, 나의 그리스도를 통해

놀라운 사랑! 어찌 가능한가.

나의 하나님, 당신이 나를 위해 죽으셔야 했다니!

사람 앞에서의 용기

하나님의 공의로운 심판 앞에서 그리스도인이 용기를 낸다는 것은 놀라운 현실이다. 그렇기에 복음은 좋은 소식이다. 하지만 복음은 그저 우리를 하나님의 보좌 앞에서만 용기 있게 하는 것이 아니다. 사람들의 위협 앞에서도 우리를 담대하게 만든다. 즉, 우리를 가장 큰 위험에서 구원할 뿐 아니라 그보다 덜 위험한 곳에서도 구원하는 것이다.

우리는 구약의 모든 쪽에서 이러한 후렴구가 울려 퍼지는 것을 듣는다. 신명기 31장에서 모세가 백성에게 한 말을 생각해 보라. 그때는 세대교체가 일어나고 지도력이 전환하는 시기였다. 모세는 광야에서 사십 년 동안 백성을 이끌었다. 하지만 약속의 땅에서는 모세가 그들을 인도하지 않을 것이다. 그래서 이 전환의 시기는 두려움으로 가득했다. 모세는 이런 상황에서 백성에게 무슨 말을 했을까?

"그들에게 이르되 이제 내 나이 백이십 세라 내가 더 이상 출입하지 못하겠고 여호와께서도 내게 이르시기를

너는 이 요단을 건너지 못하리라 하셨느니라
여호와께서 이미 말씀하신 것과 같이 네 하나님 여호와께서
너보다 먼저 건너가사 이 민족들을 네 앞에서 멸하시고
네가 그 땅을 차지하게 할 것이며 여호수아는
네 앞에서 건너갈지라 또한 여호와께서 이미 멸하신
아모리 왕 시혼과 옥과 및 그 땅에 행하신 것과 같이
그들에게도 행하실 것이라 또한 여호와께서 그들을
너희 앞에 넘기시리니 너희는 내가 너희에게 명한
모든 명령대로 그들에게 행할 것이라
너희는 강하고 담대하라 두려워하지 말라
그들 앞에서 떨지 말라 이는 네 하나님 여호와
그가 너와 함께 가시며 결코 너를 떠나지 아니하시며
버리지 아니하실 것임이라 하고"(신 31:2-6).

이제 지도자인 여호수아에게 모세가 한 말을 살펴보자.

"모세가 여호수아를 불러온 이스라엘의 목전에서
그에게 이르되 너는 강하고 담대하라 너는 이 백성을 거느리고
여호와께서 그들의 조상에게 주리라고 맹세하신 땅에 들어가서
그들에게 그 땅을 차지하게 하라
그리하면 **여호와 그가 네 앞에서 가시며 너와 함께 하사**

너를 떠나지 아니하시며 버리지 아니하시리니
너는 두려워하지 말라 놀라지 말라"(신 31:7-8).

같은 장 후반에 하나님이 직접 여호수아에게 내리신 명령을 살펴보자.

"여호와께서 또 눈의 아들 여호수아에게 명령하여 이르시되
너는 이스라엘 자손들을 인도하여
내가 그들에게 맹세한 땅으로 들어가게 하리니
강하고 담대하라 내가 너와 함께 하리라 하시니"(신 31:23).

그리고 모세의 죽음 이후 하나님은 여호수아에게 부르심과 약속을 재차 말씀하신다.

"네 평생에 너를 능히 대적할 자가 없으리니
내가 모세와 함께 있었던 것 같이 너와 함께 있을 것임이니라
내가 너를 떠나지 아니하며 버리지 아니하리니 강하고 담대하라
너는 내가 그들의 조상에게 맹세하여 그들에게 주리라
한 땅을 이 백성에게 차지하게 하리라
오직 강하고 극히 담대하여 나의 종 모세가 네게 명령한
그 율법을 다 지켜 행하고 우로나 좌로나 치우치지 말라

그리하면 어디로 가든지 형통하리니 이 율법책을
네 입에서 떠나지 말게 하며 주야로 그것을 묵상하여
그 안에 기록된 대로 다 지켜 행하라
그리하면 네 길이 평탄하게 될 것이며 네가 형통하리라
내가 네게 명령한 것이 아니냐
강하고 담대하라 두려워하지 말며 놀라지 말라
네가 어디로 가든지 네 하나님 여호와가
너와 함께 하느니라 하시니라"(수 1:5-9).

이후 정복 전쟁 한창 중에 여호수아는 이 말씀을 백성에게 상기시킨다.

"여호수아가 그들에게 이르되 두려워하지 말며 놀라지 말고
강하고 담대하라 너희가 맞서서 싸우는 모든 대적에게
여호와께서 다 이와 같이 하시리라 하고"(수 10:25).

모든 경우에 그 권고와 논거는 동일하다. "강하고 담대하라. 주님이 너와 함께하신다." 이는 우리가 용기에 관해서 지금까지 살펴본 내용 그대로다. 즉, 용기는 힘과 관련이 있다는 것, 특히 일종의 정신적 힘과 정서적 안정감과 관련이 있다. 용기는 외적인 위협과 내적인 두려움에 직면할 때 나타나는 굳은 심지다.

그리고 성경이 말하는 용기는 하나님이 우리와 함께하시고 우리를 위하신다는 사실을 깊이 깨닫는 것에서 나온다는 점이 가장 중요하다. 어디를 가든지 하나님이 우리와 함께하시기 때문에 우리는 적을 두려워할 필요가 없다. 그들의 강력한 힘 앞에서도 녹아내릴 필요가 없다. 오히려 우리는 믿음 안에서 점점 더 강해지고 순종하여 행동하게 된다.

또 이 말씀은 이스라엘 역사 내내 울려 퍼진다. 시편에서 다윗이 노래로 성도들의 힘을 돋울 때 이 말씀을 다시 한다.

"여호와를 바라는 너희들아 강하고 담대하라!"(시 31:24).

다윗이 솔로몬에게 엄청난 과업인 성전 건축을 지시할 때도 신명기와 여호수아의 말씀을 반복한다.

"강하고 담대하여 두려워하지 말고 놀라지 말지어다"(대상 22:13).

"또 그의 아들 솔로몬에게 이르되 **너는 강하고 담대하게**
이 일을 행하라 두려워하지 말며 놀라지 말라
네가 여호와의 성전 공사의 모든 일을 마치기까지
여호와 하나님 나의 하나님이 너와 함께 계시사
네게서 떠나지 아니하시고 너를 버리지 아니하시리라"(대상 28:20).

아사 왕이 이스라엘에서 우상을 없애려고 할 때 선지자 아사랴는 하나님의 임재와 상급을 약속하며 용기를 돋우어 사람을 두려워하지 않게 한다.

"하나님의 영이 오뎃의 아들 아사랴에게 임하시매
그가 나가서 아사를 맞아 이르되
아사와 및 유다와 베냐민의 무리들아 내 말을 들으라
너희가 **여호와와 함께 하면 여호와께서 너희와 함께하실지라**
너희가 만일 그를 찾으면 그가 너희와 만나게 되시려니와
너희가 만일 그를 버리면 그도 너희를 버리시리라
이스라엘에는 참 신이 없고 가르치는 제사장도 없고
율법도 없은 지가 오래되었으나 그들이 그 환난 때에
이스라엘 하나님 여호와께로 돌아가서 찾으매
그가 그들과 만나게 되셨나니 그 때에 온 땅의 모든 주민이
크게 요란하여 사람의 출입이 평안하지 못하며
이 나라와 저 나라가 서로 치고 이 성읍이 저 성읍과
또한 그러하여 피차 상한 바 되었나니
이는 하나님이 여러 가지 고난으로 요란하게 하셨음이라
그런즉 **너희는 강하게 하라 너희의 손이 약하지 않게 하라**
너희 행위에는 상급이 있음이라 하니라"(대하 15:1-7).

히스기야는 앗수르 군대에 포위당했을 때 똑같은 말로 백성의 마음을 강하게 했다.

"군대 지휘관들을 세워 백성을 거느리게 하고 성문 광장에서
자기 앞에 무리를 모으고 말로 위로하여 이르되
너희는 마음을 강하게 하며 담대히 하고 앗수르 왕과
그를 따르는 온 무리로 말미암아 두려워하지 말며 놀라지 말라
우리와 함께하시는 이가 그와 함께하는 자보다 크니
그와 함께하는 자는 육신의 팔이요 우리와 함께하시는 이는
우리의 하나님 여호와시라 반드시 우리를 도우시고
우리를 대신하여 싸우시리라 하매 백성이
유다 왕 히스기야의 말로 말미암아 안심하니라"(대하 32:6-8).

이사야는 적군과 마주한 이스라엘에게 용기를 주려고 이 진리를 외친다.

"두려워하지 말라 내가 너와 함께함이라
놀라지 말라 나는 네 하나님이 됨이라
내가 너를 굳세게 하리라 참으로 너를 도와 주리라
참으로 나의 의로운 오른손으로 너를 붙들리라"(사 41:10).

시편 112편도 비슷하게 의인의 용기를 강조한다. 의인은 "여호와를 경외하며 그의 계명을 크게 즐거워하는 자"(시 112:1)다. 그런 사람은 주님을 두려워하기 때문에 다른 모든 두려움을 이긴다.

"그는 흉한 소문을 두려워하지 아니함이여
여호와를 의뢰하고 그의 마음을 굳게 정하였도다
그의 마음이 견고하여 두려워하지 아니할 것이라
그의 대적들이 받는 보응을 마침내 보리로다"(시 112:7-8).

주님을 신뢰하는 자의 굳건하고 변함없는, 요지부동한 마음이 이와 같다. 하나님의 백성은 반복적으로 두려움을 극복하도록, 용기를 내어 위협과 위험과 불확실성에 직면하도록 요청을 받는다. 하나님이 그들과 함께하시고 그들을 위하시며, 그들을 강하게 하시고 그들을 도우시며 상급을 베푸실 것이기 때문이다. 그리고 성경이 말하는 용기의 독특함에 주목하라. 자연적인 용기는 두려움을 극복하는 강인한 마음과 결연함이다.

하지만 성경이 말하는 용기란, **다른 존재의 강함으로** 두려움을 극복하는 마음의 강함과 결연함이다. 이 용기는 의존적인 용기인데 자기 힘이 아닌 바로 하나님의 예비하심에 기대는 것이다. 우리는 시작하는 장에서 빌립보인들에게 보내는 바울의 글을 통해 이 내용을 살폈다.

바울은 성도들의 간구와 성령의 도움으로 수치스러운 비겁함에서 구원받고 예수님을 높일 수 있었다(빌 1:19-20). 바울의 용기는, 모세와 여호수아와 다윗과 솔로몬과 이사야와 아사와 히스기야의 용기와 마찬가지로 하나님께만 의지하는 용기였다. 그리스도인의 마음에 힘을 주어 두려움과 불안함의 정념을 극복하도록 하는 것은 궁극적으로 자기 자원이나 능력이 아니라, 하나님 백성의 기도를 통해 공급되는 하나님의 영이다.

성경 속 용기의 궁극적 본

성경이 말하는 용기의 궁극적인 본은 결국 예수님까지 이른다. 우리는 이미 예수님이 십자가와 부활을 통해 용기의 근거가 되신다는 것을 살펴봤다. 예수님은 그분의 사역을 통해 용기의 근거가 되실 뿐 아니라, 우리가 지녀야 할 용기의 본이 되신다. 겟세마네 동산에서 예수님이 겪으신 그 고뇌를 생각해 보라.

예수님은 깊은 슬픔과 걱정에 잠겨 계셨다(마 26:37). 고뇌 가운데 기도하시며 피를 땀처럼 흘리셨다(눅 22:44). 그분은 앞으로 어떤 일이 닥칠지 알고 계셨다. 끔찍한 고통, 추악한 조롱 그리고 사람들의 경멸이 있을 것이다. 무엇보다도 그 모든 일의 이면과 과정과 중심에는 인간의 반역에 내리시는 하나님의 진노가 있었다. 그분이 임박한 고통과 죽음을 앞두고 느끼신 고뇌와 고통은 완벽하게 합당한 것이었다.

그리고 우리는 예수님의 기도에서 (지난 장에서 논했던 여러 단계로 이루어진 심리 작용을 포함하여) 예수님이 완전한 인간의 본질을 지니고 계셨음을 목격한다. "아버지여 만일 아버지의 뜻이거든 이 잔을 내게서 옮기시옵소서 그러나 내 원대로 마시옵고 아버지의 원대로 되기를 원하나이다"(눅 22:42). 정념이라는 낮은 단계에서는 예수님도 이 경주를 달리고 싶지 않으셨다. 그분이 하나님께 뜻하고 바란 바는 그 잔을 옮겨 본인이 마시지 않게 해달라는 것이었다. 사실 그런 고통 앞에서 움츠러드는 것은 지극히 정상적이고 자연스러운 일이며 죄악 된 일이 아니다.

그러나 예수님은 더 깊은 단계, 즉 그분의 거룩한 뜻이라는 더 높은 단계에서는 하나님의 뜻이 이루어지기를 구하신다. 그분은 완벽하게 두려움과 괴로움이라는 정념을 다스리시고 아버지께 완전히 순종하는 길로 나아가신다.

어떻게 그렇게 하실 수 있는가? 히브리서는 예수님이 위험에 직면하시면서도 상급을 구하는 이중적 시야를 지니셨다고 증거한다. 저자는 우리에게 예수님을 생각해 보라고 권한다. 그분은 "너희가 피곤하여 낙심하지 않기 위하여 죄인들이 이같이 자기에게 거역한 일을 참으신 이"(히 12:3)시다. 예수님은 적대감을 마주하고 움츠리지 않으셨고 가는 길에 장애물이 있어도 낙심하지 않으셨다. 우리도 그분의 걸음을 따라야 한다.

"이러므로 우리에게 구름 같이 둘러싼 허다한 증인들이 있으니
모든 무거운 것과 얽매이기 쉬운 죄를 벗어 버리고
인내로써 우리 앞에 당한 경주를 하며
믿음의 주요 또 온전하게 하시는 이인 예수를 바라보자
그는 그 앞에 있는 기쁨을 위하여 십자가를 참으사
부끄러움을 개의치 아니하시더니
하나님 보좌 우편에 앉으셨느니라"(히 12:1-2).

예수님은 우리 믿음의 주요 온전하게 하시는 분이시다. 그리고 그분이 우리의 믿음을 온전하게 하시는 한 가지 방법은 믿음으로 인내하는 본이 되신 것이다. 우리는 예수님을 바라보고 또 예수님을 생각한다. 그런데 저자는 특별히 우리에게 무엇을 생각해 보라고 하는 것일까?

예수님 앞에는 경주가 있었는데 그분은 십자가의 모든 고뇌와 고통과 수치에 직면하셨다. 예수님은 위험과 위협과 고난을 보시고 두려움과 고통을 느끼셨다. 하지만 외적 위험에 직면하여 생긴 내적 두려움 때문에 돌아서거나, 몸을 사리거나, 약해지지 않으셨다. 오히려 그분은 밀고 나가셨고 십자가를 인내하셨다. "그 앞에 있는 기쁨을 위하여" 상급을 기대하셨기 때문이다.

그분은 "밖으로는 다툼이요 안으로는 두려움"(고후 7:5에서 바울의 말을 빌리자면)에 직면하셨지만, 그리스도는 영광의 소망으로 마음을

강하게 먹으셨다. 그리스도는 아버지가 자신을 무한히 기뻐하심을 잘 아셨다. "이는 내 사랑하는 아들이요 내 기뻐하는 자라"(마 3:17). 그리고 자신이 영광에서 와서 영광으로 돌아가실 것도 잘 아셨다. 그분은 자신이 드린 대제사장의 기도에서 이렇게 기도하셨다.

"아버지여 때가 이르렀사오니 아들을 영화롭게 하사
아들로 아버지를 영화롭게 하게 하옵소서
아버지께서 아들에게 주신 모든 사람에게 영생을 주게 하시려고
만민을 다스리는 권세를 아들에게 주셨음이로소이다
영생은 곧 유일하신 참 하나님과 그가 보내신 자
예수 그리스도를 아는 것이니이다
아버지께서 내게 하라고 주신 일을 내가 이루어
아버지를 이 세상에서 영화롭게 하였사오니
아버지여 창세 전에 내가 아버지와 함께 가졌던 영화로써
지금도 아버지와 함께 나를 영화롭게 하옵소서"(요 17:1-5).

그분의 상급은 아버지와 함께 가졌던 영화를 회복하는 것이었다. 그런데 영원한 영광만 있는 것은 아니었다. 예수님은 그분에게 "하라고 주신 일을 이루어" 아버지께 돌아가실 것이다. 하나님 아버지는 모든 사람을 예수님에게 주셨고 예수님은 자기 백성이

함께 있어 그분의 영광을 보며 사랑과 기쁨으로 가득하게 하셨다. 신부를 얻기 위해 오신 예수님이 신부를 초대하여 아들과 아버지가 항상 나누셨던 영광을 함께 누리게 하신다.

이처럼 십자가 앞에서 그리스도의 마음을 강하게 한 것은 바로 하나님께 영원한 구속을 받은 사람들과 나눌 무한한 영광이었다. 그것이 그분 앞에 있는 기쁨이었고 모든 두려움을 이겨내게 하는 상급이었으며, 그리스도에게 용기의 근원이었다.

chapter 3

용기의 결핍

　미덕에 관한 지식을 키우는 일반적인 방식은 그에 상응하는 악덕을 생각해 보는 것이다. 성경은 미덕 자체를 칭찬하는 것뿐 아니라 어리석음을 보여줌으로써 지혜가, 나태함을 강조함으로 근면함이, 교만함을 드러내어 겸손함이 자라게 한다. 마찬가지로 비겁함을 고찰하면 용기가 무엇인지 더욱 분명히 알게 된다.

　그렇다면 비겁함은 무엇인가? 비겁함이란, 고난에 직면할 때 선함을 고수하지 못하는 것이다. 위기에 직면할 때 어떤 위험도 무릅쓰지 않는 것이다. 기백의 결핍으로서 고통을 피하려고 지름길이나 빠른 해결책을 찾는 것이다. 겁 많음, 두려움, 심약함 등 등이 용기의 반대다. 비겁함은 악한 날에 자신의 자리를 버리는 것, 즉 물러나고 포기하는 것이다. 그래서 마음을 접고 도망가는 것이다. 두려움은 우리를 녹아내리게 만든다. 힘이 빠지게 하고 마음을 시들게 하며 결심을 약하게 만든다. 그것이 바로 낙심과 낙담의 의미다.

정의를 내리는 일도 큰 도움이 되지만, 미덕과 악덕이 구체적으로 어떻게 드러나는지를 보여주는 이야기도 필요하다. 미덕과 악덕이 실제로 어떻게 작동하는지를 봐야 그것들을 모방하거나 피할 수 있기 때문이다.

낙원에서

우리는 창세기 초반에서 두려움, 비겁함, 포기 그리고 겁약함의 예를 본다. 뱀이 하와를 유혹할 때 아담은 그와 "함께"(창 3:6) 있었는데 용기와 담대함, 의연함과 의지력이 필요한 순간이다. 하지만 아담은 침묵하며 수동적으로 있는데 낙원에서 뱀을 몰아내기 위해 칼을 꺼내는 대신 포기하고 만다. 아담은 처치해야 할 용이 있는데도 그냥 달아난다. 그는 뒷걸음쳐서 아무 말 없이 하와의 말을 따른다.

그것보다 더 심각한 일은 그가 초반에 보인 수동성이 독단적인 우상숭배로 이어진다는 사실이다. 그는 하나님의 목소리보다 아내의 목소리를 듣는다. 아내가 열매를 건네자, 그녀를 기쁘게 해야 한다는 욕구가 선을 고수하고 하나님께 순종해야 한다는 열망을 이긴 것이다. 그는 용기와 담력을 발휘하여 하와를 이끌지 못한 채, 자신의 책임을 버리고 아내를 따라 죄와 파멸로 향한다.

그리고 타락은 이 첫 부부에게 수치, 죄책감 그리고 두려움을 일으킨다. 그래서 무화과 나뭇잎을 엮어 서로에게서 숨고 주님이 만나러 오실 때는 주님의 임재로부터 숨는다. 아담은 왜 하나님으로부터 숨는가? "내가 동산에서 하나님의 소리를 듣고 내가 벗었으므로 두려워하여 숨었나이다"(창 3:10). 아담은 죄를 저질렀기에 두려움으로 가득했고 하나님의 임재로부터 물러난다.

심지어 하나님께 발각되었는데도 그는 계속해서 숨는다. 그는 아내 뒤에 웅크리고는 자기 잘못을 아내 탓으로 돌린다. 더 나아가 하나님이 하와를 자신의 돕는 배필이자 아내로 주었기 때문이라면서 도리어 하나님 탓을 한다. "하나님이 주셔서 나와 함께 있게 하신 여자 *그가* 그 나무 열매를 내게 주므로 내가 먹었나이다"(창 3:12).

아담은 발뺌하고 우상을 숭배하며 삐딱하게 행동한다. 그는 수동성에서 반역과 책임 전가까지 했다. 시험과 고난 앞에서 아담이 굳게 서지 못하고 선을 고수하지 못하면서 아담과 인류는 비참하게 고꾸라지고 만다. 창조주보다 창조물을 예배하고 섬기게 되면서 그의 수동성은 독단적인 우상숭배로 이어진다. 그리고 두려움 가운데 하나님에게서 숨고 아내와 아내를 만드신 하나님을 비난한다. 그리고 그렇게 함으로 다른 사람들에게 부정적인 영향을 끼치게 되었다.

산에서

출애굽기 32장, 시내산에 선 아론을 생각해 보자. 모세는 산 정상에서 하나님을 만나고 있다. 아론은 산기슭에 머물며 사람들을 이끄는데 이들은 공포와 불안으로 가득하다. 그들은 애굽에서 사백 년간 박해받다가 이제 막 열 가지 재앙을 통해 구원을 받았다. 바로의 추격을 받고 홍해에 막혔지만, 결국 마지막 순간에 구원을 받는다. 이 일 후 그들은 광야와 굶주림과 목마름의 위협에 직면한다(출 16-17장). 그 후에도 그들이 약해지기만 하면 그들을 잡아먹으려고 하는 악한 나라들의 위협에 직면한다(출 17장).

이 모든 과정에서 모세는 그들의 지도자였다. 그는 하나님의 능력을 행사하여 재앙으로 바로에 맞선다. 그가 손을 뻗으면 바다가 갈라졌고 지팡이로 바위를 치면 물이 흘러나왔다. 그의 손이 높이 들리면 하나님의 백성이 전투에서 우세를 점했고 그의 손이 내려가면 적이 우세해졌다. 그렇게 모세는 하나님의 선지자로서 하나님의 구원을 드러내는 살아있는 대리인이었다.

그 후 시내에서 모세는 산 위로 올라갔고 백성은 그의 부재와 지체에 불안해진다. 그래서 그들은 이렇게 말한다. "모세 곧 우리를 애굽 땅에서 인도하여 낸 사람은 어찌 되었는지 알지 못함이니라"(출 3:21). 그러면서 그들은 아론에게 자신들을 인도할 신을 만들어 내라고 요구한다. 즉, 괴롭고 불안한 자신들을 위로해 줄 우상을 구한 것이다.

이에 아론은 굴복해 버린다. 두려움에 사로잡힌 백성의 요구에 직면하자 그는 용기를 내지 못하고 엄청난 잘못을 범하게 된 것이다. 그는 백성이 근심을 견디기 어려워하고 불안감이 퍼져 나가는 것을 본다. 그래서 지름길과 쉬운 해결책을 찾다가 끔찍한 짓을 저지르고 만다. 아담처럼 자기 지도권을 버리고 우상숭배와 반역에 빠진 것이다. 그는 자기 손으로 금송아지를 만들고서는 백성에게 그들의 신이라고 보여준다. 그뿐 아니라 금송아지 앞에 제단을 쌓고 절기를 선포한다. 자기 체면을 세우려고 종교를 혼합하는 말도 안 되는 짓을 벌이고 만 것이다. "내일은 여호와의 절일이니라"(출 32:5). 그가 만든 금송아지가 어쨌든 천지의 전능하신 창조자이신 "스스로 있는 자"(출 3:14 참고)를 대변한다는 말도 안 되는 소리다.

그 후, 모세가 와서 들이닥치자, 아론은 신의 없던 아담의 모습을 그대로 답습한다.

"모세가 아론에게 이르되 이 백성이 당신에게 어떻게 하였기에 당신이 그들을 큰 죄에 빠지게 하였느냐 아론이 이르되 내 주여 노하지 마소서 이 백성의 악함을 당신이 아나이다 그들이 내게 말하기를 우리를 위하여 우리를 인도할 신을 만들라 이 모세 곧 우리를 애굽 땅에서 인도하여 낸 사람은 어찌 되었는지 알 수 없노라 하기에 내가 그들에게 이르기를 금이 있는 자는 빼내라 한즉 그들이 그것을 내게로 가져왔기로 내가 불에 던졌더니 이 송아지가 나왔나이다"(출 32:21-24).

"하나님이 내게 주신 여인"에서 "당신이 내게 남긴 백성"으로 바뀌었을 뿐이다. 아론은 기본적으로 "이건 그들의 잘못입니다"라고 말하고 있다. "나는 그저 내 일만 하고 있었는데 갑자기 금송아지가 나왔습니다"라는 식이다. 책임 회피에서 우상숭배와 남 탓까지, 마치 같은 노래 속의 이어지는 다음 절과 같다.

여기서 다시 기백의 결핍, 용기의 결핍이 나타났다. 백성의 두려움이 아론의 결의를 압도했다. 그가 백성의 소요에 직면하자, 하나님만 붙들겠다는 의지력과 의연함은 사그라들었다. 그는 하나님의 거룩하심보다 백성의 인정을 더 소중히 여겼기에 백성의 괴롭힘이라는 용광로에서 그의 용기는 녹아내렸다.

광야에서

백성은 율법을 받고 하나님의 이동식 거처인 성막을 짓는다.

이후 그들은 시내산을 떠나 하나님이 그들에게 약속하신 땅으로 여정을 떠난다. 그런데 출발부터 좋지 않았다. 그들은 하나님이 은혜로 베푸신 만나를 불평한다. 그래서 하나님은 그들을 메추리 떼에 파묻히게 하시고 재앙을 내리신다(민 11장). 또 미리암과 아론이 질투심으로 모세에게 대항하자 그들을 징계하신다(민 12장).

그런데도 하나님은 신실하심으로 그들을 버리지 않으신다. 아브라함과 이삭과 야곱에게 하신 약속 때문이다. 이 부분은 하나님이 이스라엘을 다루시는 방법이 전환되는 지점이다. 이 순간까지 이스라엘 백성은 전반적으로 하나님의 능력 앞에서 수동적이었다. 하나님은 그들을 강한 손과 편 팔로 애굽의 종살이에서 구하셨다. 출애굽기에 나오는 전투는 바로와 모세 사이에, 애굽의 신들과 이스라엘의 하나님 사이에 벌어졌다. 이스라엘의 역할은 그저 여호와가 행하신 강력한 일들을 지켜보는 것이었다.

이제 민수기에서 하나님은 구속 계획의 다음 단계를 밟으시며 이스라엘을 더욱 적극적인 역할로 부르신다. 물론 여호와가 그들보다 앞서가셔서 민족들을 내쫓으시지만, 백성도 직접 정복 활동에 참여해야 한다. 하나님은 그들을 지시하여 열두 명의 정탐꾼들을 그 땅으로 보내사, 거기 사람들이 강한지 약한지, 그곳 땅은 좋은지 나쁜지, 그들이 진영에 거하는지 산성에 거하는지 알아오게 하신다(민 13:17-20).

정탐꾼들은 돌아와서 그 땅이 풍요롭고 아름다우며 젖과 꿀이

흐른다고 보고한다. 하지만 그 사람들은 강하고, 그들의 성읍은 산성이며, 심지어 네피림의 후손인 거인들이 거주하고 있다고 전한다. 정탐꾼 중 열은 이렇게 말한다. "우리는 능히 올라가서 그 백성을 치지 못하리라 그들은 우리보다 강하니라"(민 13:31).

정탐꾼들의 부정적인 보고는 사람들의 기운을 앗아갔다. 그들은 울면서 모세와 아론에게 불평하지만, 여호수아와 갈렙은 오히려 그들을 타이른다. "그 땅 백성을 두려워하지 말라 그들은 우리의 먹이라 그들의 보호자는 그들에게서 떠났고 여호와는 우리와 함께하시느니라 그들을 두려워하지 말라"(민 14:9). 위험에 맞서 용기를 내라는 직접적인 외침이다. 하지만 사람들은 거부하고 오히려 여호수아와 갈렙을 돌로 치려고 한다.

그들의 두려움과 반역에 하나님은 분노를 일으키신다. 하나님은 그들을 전염병으로 치시고 겁에 질려 반역하는 세대는 아무도 그 땅에 들어가지 못할 것이라고 정하신다. 그들의 시체가 광야에 엎드러질 것이다(민 14:29). 그 대신 후손들이 땅을 유업으로 받을 것이다.

시내산에서는 사람들의 불평이 아론의 결심을 이겼다. 민수기에서는 정탐꾼들의 두려움이 사람들을 감염시켰다. 두 경우 모두 교훈은 같다. 비겁함이 전염된다는 사실이며 두려움은 들불처럼 퍼진다.

하나님의 율법은 이 사실을 분명히 인지한다. 신명기 20장에서 하나님은 백성에게 전쟁에 관한 율법을 주신다. 이 율법 중에서 하나님은 이렇게 말씀하신다. "책임자들은 또 백성에게 말하여 이르기를 두려워서 마음이 허약한 자가 있느냐 그는 집으로 돌아갈지니 그의 형제들의 마음도 그의 마음과 같이 낙심될까 하노라"(신 20:8). 두려움은 그저 무서워하는 자들에게만 영향을 끼치지 않는다. 그것은 퍼져나가서 다른 사람의 마음을 녹인다. 공동체를 약화하고 위태롭게 만드는 것이다.

하지만 우리는 두려움과 비겁함의 나약하고 보잘것없는 모습에 속지 말아야 한다. 성경은 그러한 인간의 두려움은 악하고 하나님께 반역하는 것이며 이는 불신앙과 마음의 강퍅함에 뿌리 내리고 있음을 분명하게 밝힌다.

사람들이 두려움에 사로잡혀 우상을 만들어 자신들을 위로해 달라고 요구할 때, 하나님은 그들을 "목이 뻣뻣한"(출 32:9) 백성이라고 하신다. 그 땅에 들어가기를 거부하는 것은 실질적으로 하나님을 멸시하고 경멸하는 것이었다(민 14:11). 또한 하나님을 시험하는 것이었고(민 14:22) 근본적으로 악한 것이었다(민 14:27, 35). 그리고 그러한 거부에는 불평과 불만을 동반하는데 이는 책임을 전가하고 불평하는 아담과 아론의 모습과 같다. 불평이란, 자신이 처한 곤경에 대해 하나님 탓을 하고 그분에게 잘못을 전가하는 것이다. 또 불만이란, 그분의 선하심과 돌보심을 의심하는 것이다. 겉으로는 아무리 가여워 보일지라도 그런 비겁함과 불신앙은 악한 것이다. 왜냐하면 하나님의 약속을 신뢰하지 못하고 하나님을 붙들지 못해서 결국 하나님을 위해 어떤 위험도 무릅쓰지 않는 것이기 때문이다.

안디옥에서

동산으로부터 산과 광야에 이르기까지 구약의 이야기는 동일하다. 포기, 비겁함 그리고 두려움은 우상숭배와 독단적인 반역으로 이어져 책임 회피, 불평 그리고 변명을 낳는다. 이 동일한 역학이 신약에서도 나타난다.

갈라디아서에서 바울은 초기 교회의 결정적인 순간을 이렇게 기술한다.

"게바가 안디옥에 이르렀을 때에 책망받을 일이 있기로
내가 그를 대면하여 책망하였노라 야고보에게서 온 어떤 이들이
이르기 전에 게바가 이방인과 함께 먹다가 그들이 오매
그가 할례자들을 두려워하여 떠나 물러가매 남은 유대인들도
그와 같이 외식하므로 바나바도 그들의 외식에 유혹되었느니라
그러므로 나는 그들이 복음의 진리를 따라 바르게 행하지
아니함을 보고 모든 자 앞에서 게바에게 이르되
네가 유대인으로서 이방인을 따르고 유대인답게

살지 아니하면서 어찌하여 억지로
이방인을 유대인답게 살게 하려느냐 하였노라"(갈 2:11-14).

이 구절을 이해하기 위해서는 당시 일 세기의 사회상을 어느 정도 알아야 할 필요가 있다. 일 세기 유대인들에게 세계란 근본적으로 유대인과 이방인, 즉 언약 안에 있는 자와 언약 밖에 있는 자로 구분되었다. 물론 몇몇 주변 집단(사마리아인과 같은), 특이한 이방인(사도행전에 등장하는 하나님을 경외하는 자들로서 이스라엘의 하나님을 예배하지만, 모세 율법을 전부 받아들이지는 않은 자들) 그리고 유대주의 내의 다양한 하위 집단(바리새인, 사두개인, 헤롯당 등등)이 존재한다. 하지만 기본적인 구분은 유대인과 이방인이었다.

그 세상 안으로 복음, 즉 예수님이 이스라엘의 왕이자 참으로 하나님의 아들이신 메시아이시며, 그분이 죽으시고 부활하셔서 유대인과 이방인 모두를 죄와 사망에서 구원하셨다는 좋은 소식이 들려왔다. 율법과 선지자들의 글을 성취한 이 좋은 소식은 근본적인 구분을 뒤섞어 놓았다. 이로 인해 일 세기의 사회 구도는 매우 복잡하고 혼란했다. 그 당시 활동하던 다양한 집단의 표본은 다음과 같다.

1) 믿지 않는 이방인들(다양한 이교도들과 우상 숭배자들)
2) 믿지 않는 유대인들(다양한 파벌과 집단으로 나뉨)

- 믿지 않는 유대인들 중 한 집단은 특별히 유대의 율법과
  전통에 열심이었다. 이 집단은 종종 다른 집단, 즉 열심이
  덜한 유대인들을 박해함으로 하나님에 대한 열정을
  표출했다. 그리고 이 집단이 초기 그리스도인들의 박해를
  주도했는데, 이는 초기 그리스도인들이 선조의 전통에
  신실하지 않다고 여기기 때문이다(회심 전 바울이 이 집단에 속했다).

3) 자신이 그리스도인이라고 주장하는 초기 그리스도인들
   사이에서도 몇 가지 차이가 있었다.
   - 예수님과 토라를 주장하는 유대 그리스도인들:
     이들은 예수님과 율법 지키기(특별히 할례와 음식법)를 주장하며
     이방 그리스도인들도 그렇게 하기를 기대한다.
     즉, 이방인들에게 토라를 전하고 준수하게 하는
     사명을 지닌 자들이다(갈라디아에서 문제를 일으킨 집단).
   - 자신들은 유대교의 관습을 계속 지키지만,
     이방인들에게는 지키라고 요구하지는 않는
     유대 그리스도인들:
     바울과 같은 이들은 유대인에게 복음을 전하는 상황에서만
     그렇게 했고(행 22장, 고전 9장)
     나머지는 습관과 관습에 따라 그렇게 했다.
   - 할례 등은 받아들이지 않고 그저 예수님을 죄와 사망에서

구하시는 분으로 믿는 이방 그리스도인들
- 할례를 포함해 토라 전부를 준수하며 예수님을 믿은 이방 그리스도인들

  상황이 꽤 복잡하다. 갈라디아서 2장에서 우리는 이러한 집단들이 얽히고설킨 결과를 확인한다. 유대인들의 사도인 베드로는 그의 사명을 위해 유대인의 관습을 계속 지켰던 것으로 보인다. 하지만 하나님이 사도행전 10장에서 보여주신 환상으로 인해 복음 때문에 이방인들과 기꺼이 식탁을 나누게 되었다.
  그때 야고보가 전한 소식을 가지고 몇 사람이 찾아온다. 야고보는 예루살렘 교회의 지도자다. 아마도 그가 전한 소식은 거기에 있는 초기 그리스도인이 당한 박해에 관한 내용이었을 것이다. 우리는 그 소식을 다음과 같이 상상해 볼 수 있다. "베드로, 여기 예루살렘 상황은 어렵습니다. 우리 형제자매들은 회당에서 축출당하고 있습니다. 몇몇은 믿음 때문에 감옥으로 끌려갔습니다. 할례파들에게 당신이 이방인들과 식사를 한다는 소식이 들어간다면, 우리에게 상황은 더욱 어렵게 될 것입니다. 이방인들과 식사하는 일을 잠시만이라도 멈출 수 있겠습니까? 일이 잠잠해질 때까지 말입니다."
  그 결과 베드로는 할례파(믿지 않는 유대인 혹은 이방인들도 반드시 모세 율법 전부를 따라야 한다고 믿는 유대 그리스도인)가 두려운 나머지 물러선다. 다른

유대 그리스도인들도, 심지어 바나바까지도 지도자인 베드로를 따른다. "심지어"라는 단어를 놓치지 말라. 여기서 우리는 반드시 충격을 받아야 한다. 위로의 아들인 바나바조차 유대인 형제들의 압력에 굴복해 그들을 따라 위선에 빠지고 만 것이다.

그리고 우리는 이 구절에서 같은 문제를 보게 된다. 즉, 두려움은 퍼지고 비겁함이 전염된다는 것이다. 두려움은 베드로부터 유대인과 바나바까지 퍼졌고 신생 교회를 난장판으로 만드는 위협이 된다.

게다가 이 이야기도 두려움과 압력이 작동하는 핵심 요소를 강조한다. 우리와 가장 가까운 이들이 우리의 용기와 담력에 가장 큰 위협이 되는 때가 종종 있다. 하와는 아담에게 영향을 미쳐 그를 타락시킨다. 이스라엘 백성은 아론에게 압박을 가하고 열두 지파의 지도자들인 정탐꾼이 백성의 마음을 녹인다. 그리고 야고보에게서 온 사람들이 베드로에게 두려움을 퍼뜨렸고 바나바와 나머지 사람들에게도 확산한다.

하지만 모두가 그런 것은 아니다. 바울은 이 두려움에서 나온 행위가 지닌 파급력을 본다. 그는 그리스도인이 겁을 먹고 이방인들과의 교제를 회피한다는 것은 그리스도와 복음에 대해 거짓말을 하는 것이라고 봤다. 유대인과 이방인을 나누는 벽은 허물어졌고 모든 사람이 은혜로 믿음을 통해 의롭게 되었다. 따라서, 우리는 두려움 때문에 그 분리의 벽을 다시 세워서는 안 된다. 진리 가운데 굳게 선 그는 사람을 기쁘게 하는 이가 아니라 그리스도의 종이다(갈 1:10).

그래서 바울은 베드로를 만나 공개적으로 반발하며, 기독교의 믿는 도리와 하나님의 은혜라는 복음의 진리를 일깨운다(갈 2:15, 21). 그리고 갈라디아인들에게 보내는 편지에서 베드로의 답변을 기록해 두지는 않지만, 사도행전 15장은 베드로가 이방인들을 완전히 수용했고, 그들도 할례를 받아야 한다고 요구하는 거짓 형제들을 단호하게 저지했음을 증거한다(행 15:5-11). 비겁함뿐 아니라 용기 역시 전염성이 있는 것처럼 보인다.

결론

그렇다면 두려움과 비겁함은 작은 죄가 아니다. 비겁함은 일종의 반역으로, 불신앙과 마음의 강퍅함에 기인한다. 그리고 비겁함은 전염성이 있기에 제어하지 않고 내버려둔다면, 공동체 내에 퍼져나가 거기 속한 모든 사람의 마음을 녹여버린다. 용기도 마찬가지로 퍼져나간다.

히브리서 3장은 사람을 두려워하는 것과 강퍅한 마음이 얼마나 위험한 일인지, 그리고 복음에 대한 격려와 확신이 얼마나 필요한지 증명한다. 저자는 시편 95편을 인용하는데 이 시는 겁이 많고 반역하던 광야 세대를 고찰한다.

"오늘 너희가 그의 음성을 듣거든
광야에서 시험하던 날에 거역하던 것 같이
너희 마음을 완고하게 하지 말라
거기서 너희 열조가 나를 시험하여 증험하고
사십 년 동안 나의 행사를 보았느니라
그러므로 내가 이 세대에게 노하여
이르기를 그들이 항상 마음이 미혹되어
내 길을 알지 못하는도다 하였고
내가 노하여 맹세한 바와 같이
그들은 내 안식에 들어오지 못하리라
하였다 하였느니라"(히 3:7-11).

우리가 다루는 모든 주제가 여기에 있다. 광야 세대는 두려움이 많고 겁이 많았다. 그들의 마음은 강퍅하여 하나님을 시험했고 하나님을 노하게 하며 마음이 미혹되었다. 그래서 그들은 결국 비겁함 때문에 고난을 당한다. 히브리서 저자는 다음 교훈을 끌어낸다.

"형제들아 너희는 삼가 혹 너희 중에 누가 믿지 아니하는
악한 마음을 품고 살아 계신 하나님에게서 떨어질까
조심할 것이요 오직 오늘이라 일컫는 동안에

매일 피차 권면하여 너희 중에 누구든지 죄의 유혹으로
완고하게 되지 않도록 하라 우리가 시작할 때에
확신한 것을 끝까지 견고히 잡고 있으면
그리스도와 함께 참여한 자가 되리라"(히 3:12-14).

불신앙은 우리를 이탈하게 만든다. 따라서 우리는 죄의 거짓말에 속아 마음을 강퍅하게 하지 말아야 한다. 우리에게는 우리가 받을 큰 상급을 일깨워 주며 우리의 마음을 북돋고 용기를 주는 형제들의 권면이 필요하다. 우리는 반드시 처음에 확신한 것을 끝까지 견고히 붙잡고 악한 날("오늘"이라고 하는 그날마다)에 위험과 고통과 상실에 맞서 굳건하게 서야 한다. 불신앙과 불순종으로 이탈하지 않게 주의를 기울여야 한다. 우리의 길에 닥치는 모든 고난과 시험을 견디며 하나님의 안식에 들어가기까지 애써야 한다. 그리고 믿음으로 그리스도께 매달려야 한다.

chapter 4

성경이 말하는 담대함

용기의 결핍과 두려움의 예를 살펴봤으니, 이제는 성경이 말하는 담대함의 예를 살펴보겠다. 성경이 말하는 담대함이란 무엇인가? 어떤 사람들은 허세 또는 남자다움을 과시하거나 으스대는 모습을 떠올릴 수도 있다. 또 다른 사람들은 반대에 맞서는 막연한 용기와 확신을 생각할 수도 있다.

그런데 사도행전 4장은 이례적으로 그리스도인의 담대함을 아주 분명하게 보여준다. **담대함**(*parrēsia*)에 해당하는 그리스어 명사가 이 장에서만 세 번 등장한다(그리고 사도행전 나머지 부분에서는 고작 두 번 더 나온다). 그리고 이 부분은 누가가 앞으로 일곱 번 기록하게 될 동사인 **담대하게 말하다**(*parrēsiazomai*)라는 단어를 사용하게 되는 배경이 된다. 누가는 분명히 의도적으로 이 장에 나오는 사건들이 그리스도인의 담대함을 나타내는 적절한 예로 우리가 보게 한다. 따라서 우리가 이 사건들을 검토하면, 그리스도인의 담대함이 무엇인지, 그것이 어디에서 오는지 그리고 어떻게 스스로 함양할 수 있는지를 알 수 있다.

보잘것없는 사람?

담대라는 단어는 사도행전 4장 13절에 처음으로 등장한다. "그들은 베드로와 요한이 본래 배운 것이 없는 보잘것없는 사람인 줄 알았는데 이렇게 담대하게 말하는 것을 보고 놀랐다(새번역)." 유대인 지도자들은 무엇을 보았기에 그렇게 놀랐던 것인가?

베드로와 요한이 성전에서 기적적인 치유를 베푼 후에 체포되었다는 사실을 떠올려 보라(행 3:1-4:4). 베드로가 태어날 때부터 앉은뱅이였던 사람을 고쳐 주자 군중이 놀랐다. 그리고 베드로는 이어서 모인 군중에게 복음 설교를 했지만, 설교는 유대 지도자들의 방해로 중단되고 말았다. 사도의 가르침에 화가 난 그들이 사도들을 체포하여 밤새 감옥에 가둔 것이다.

다음 날, 베드로와 요한은 대제사장과 그의 문중에 속한 사람들이 전부 참여한 종교 회의에 끌려간다. 지도자들은 베드로와 요한이 어떻게 이러한 기적을 행할 수 있었는지 파악하려고 따져

묻는다. 베드로의 답변은 산헤드린을 놀라게 하고 담대함의 의미를 보여주는 말로 대답한다.

그리스도인이 지닌 담대함

첫째, 그리스도인들의 담대함은 적대적인 상황에서 빛난다. 종교 회의를 소집했다는 사실은 의심의 여지 없이 배움이 부족하고 평범한 어부들을 위협하려는 조치였다. 권력을 지닌 엘리트와 배운 사람들이 모여서 근본적으로 이렇게 묻는 것이다. "뭐라고 둘러댈 것인가?"

당연히 배움이 부족한 다른 사람들이라면 그들 앞에 섰을 때 떨고 얼굴은 창백해졌을 것이다. 종교 지도자들이 입회하고 있으니 긴장해서 말도 잘 나오지 않았을 것이다. 하지만 베드로와 요한은 달랐다. 그들을 고발하는 질문에 또렷하게 베드로가 답했다. "너희와 모든 이스라엘 백성들은 알라…"(행 4:10). 뒤편에 있는 사람들에게까지 명확하게 들리도록 고개를 들고 소리를 높이는 그의 모습을 상상해 보라. 한낱 어부가 지도자들 앞에서도 전혀 흔들리지 않는다.

둘째, 그들의 담대함은 예수님에 대한 **분명한** 간증에서 똑똑히 드러난다. 그 사람이 회복된 것은 그분의 이름 때문이다. 누구라도 구원받을 수 있는 것도 그분의 이름(그리고 오직 그분의 이름) 때문이다. 예수님이, 하나님께서 죽은 자 가운데서 살리신 그분이 모퉁

잇돌이며 다른 누구에게도 구원은 없다(행 4:10-12). 이렇듯 그리스도인이 지닌 담대함의 중심에는 예수님, 그리고 치유하시고 구원하시는 예수님의 능력에 대한 분명함이 있다.

마지막으로 그들의 담대함은 죄에 대한 분명한 확신에서 나타난다. 베드로는 말한다. 이 사람은 **"너희가 십자가에 못 박고** 하나님이 죽은 자 가운데서 살리신 나사렛 예수 그리스도…이 예수는 너희 건축자들의 버린 돌"(행 4:10-11)이다. 이스라엘의 건축자라고 칭하는 통치자들이 모퉁잇돌인 그분을 거부했다. 이제 형세가 완전히 역전되었고 베드로와 요한은 체포되어 심문을 받고 있다. 그런데도 그들은 몇 달 전에 예수님을 죽인 권력자들을 비난하고 정죄한다.

그렇다면 그리스도인의 담대함은 무엇인가? 강력한 반대에 맞서 예수님과 죄에 대해 분명한 태도를 지니는 것이다. 회피하거나 머뭇거리지 않고 솔직하게 터놓고 말하는 것이다. 그리스도에 관한 것이든, 그리스도의 구원에 관한 것이든, 그분이 오셔서 우리를 구원해 주신 그 무엇이든 아무 제약 없이 진리를 증거하는 것이다.

사람이 아닌 하나님께 순종

다음 장의 내용은 담대함에 관한 이러한 이해를 뒷받침한다.

베드로와 요한은 예수님의 이름으로 말하기를 멈추지 않겠다고 하는 바람에 다시 체포되어 같은 지도자들 앞에 끌려온다.

> "그들을 끌어다가 공회 앞에 세우니 대제사장이 물어 이르되
> 우리가 이 이름으로 사람을 가르치지 말라고 엄금하였으되
> 너희가 너희 가르침을 예루살렘에 가득하게 하니
> 이 사람의 피를 우리에게로 돌리고자 함이로다
> 베드로와 사도들이 대답하여 이르되 사람보다
> 하나님께 순종하는 것이 마땅하니라
> 너희가 나무에 달아 죽인 예수를 우리 조상의 하나님이
> 살리시고 이스라엘에게 회개함과 죄 사함을 주시려고
> 그를 오른손으로 높이사 임금과 구주로 삼으셨느니라
> 우리는 이 일에 증인이요
> 하나님이 자기에게 순종하는 사람들에게 주신
> 성령도 그러하니라 하더라"(행 5:27-32).

"너희가 너희 가르침을 예루살렘에 가득하게 하니." 무슨 가르침인가? 예수님의 부활에 관한 가르침이다. 사도들은 다시 사신 예수님의 주되심을 명확하게 조금도 얼버무리지 않고 선포한다. "이스라엘에게 회개함과 죄 사함을 주시려고 그를 오른손으로 높이사 임금과 구주로 삼으셨느니라"(행 5:31). 이것이 사도행전에 담

긴 모든 설교의 내용이다. "하나님이 예수님을 살리셨고 높이셨다. 구세주이신 우리 주님, 예수님은 죄를 사하신다. 우리가 구원받을 다른 이름은 없다." 이것이 사도들이 산헤드린의 위협에 저항하여 선포한 메시지다. 그들은 예수님이 누구신지, 하나님이 그분을 통해 행하신 일이 무엇인지에 관한 좋은 소식으로 예루살렘을 가득하게 하려고 작정했다.

하지만 그들이 전한 것은 예수님에 관한 가르침만은 아니었다. 그들은 죄(특별히 예수님을 배신하고, 거부하고, 부인하고, 죽인 죄)에 대해서도 분명하고 용기 있게 선포했다. 이에 대제사장은 이렇게 말했다. "이 사람의 피를 우리에게로 돌리고자 함이로다"(행 5:28). 다른 말로 하자면 "너희는 이 사람을 죽인 일에 관해 우리를 탓하고 있다"는 소리다. 그러자 베드로는 "너희가 나무에 달아 죽인 예수"(행 5:30)라고 함으로써 사실상 "그 말이 정확히 맞다"고 답한다.

예루살렘에서 십자가 처형이 있은 지 불과 몇 달도 지나지 않은 기간에 사도들이 얼마나 자주 이 말을 했는지 정말 놀랍다. 예수님의 부당한 죽음이 아무리 생생하다지만, 사도들은 군중들과 유대 지도자들에게 설교할 때마다 이 주제를 되풀이했다.

"그가 하나님께서 정하신 뜻과 미리 아신 대로 내준 바 되었거늘 너희가 법 없는 자들의 손을 빌려 못 박아 죽였으나"(행 2:23).

"너희가 십자가에 못 박은 이 예수를 하나님이
주와 그리스도가 되게 하셨느니라 하니라"(행 2:36).

"아브라함과 이삭과 야곱의 하나님 곧 우리 조상의 하나님이
그의 종 예수를 영화롭게 하셨느니라 **너희가 그를 넘겨주고
빌라도가 놓아주기로 결의한 것을 너희가 그 앞에서
거부하였으니** 너희가 거룩하고 의로운 이를 거부하고
도리어 살인한 사람을 놓아주기를 구하여
생명의 주를 죽였도다 그러나 하나님이 죽은 자 가운데서
그를 살리셨으니 우리가 이 일에 증인이라"(행 3:13-15).

"**너희가 십자가에 못 박고** 하나님이 죽은 자 가운데서
살리신 나사렛 예수 그리스도의 이름으로…
이 예수는 **너희 건축자들의 버린 돌로서** 집 모퉁이의
머릿돌이 되었느니라"(행 4:10-11).

그렇지만 사도들이 이렇게 예수님을 죽인 구체적인 죄를 분명히 밝히는 용기는, 모든 죄와 그에 따른 회개의 필요에 대해 그들이 보인 분명한 태도의 일부에 불과하다.

"너희가 회개하여 각각 예수 그리스도의 이름으로 세례를 받고

죄 사함을 받으라 그리하면 성령의 선물을 받으리니⋯
너희가 이 패역한 세대에서 구원을 받으라 하니"(행 2:38, 40).

"그러므로 너희가 회개하고 돌이켜
너희 죄 없이 함을 받으라"(행 3:19).

"하나님이 그 종을 세워 복 주시려고
너희에게 먼저 보내사 너희로 하여금 돌이켜
각각 그 악함을 버리게 하셨느니라"(행 3:26).

"돌이켜 각각 그 악함을 버리게 하셨느니라." 이웃의 악함이 아니고 저기 어디에 있는 누군가의 악함이 아니라 바로 **당신의** 악함을 겨냥했다. 그리고 이렇게 말하는 것이 그리스도인의 담대함이다. 즉, 우리가 하나님께 반역한 일반적인 방식과 구체적인 방식 모두에 대해, 그리고 예수님의 부활과 회개의 필요에 대해 명확하고 용기 있게 증거하는 것이다.

담대하게 구체적으로

이제 우리는 그리스도인의 담대함에 관한 또 다른 중요한 교훈으로 향한다. 우리가 담대해지려면, 예수님이라는 현실을 가져와 포괄적인 죄악이 아닌 구체적인 인간의 죄악이라는 현실에 적용해야 한다. 포괄적으로 죄를 회개하라고 촉구하는 것도 의미가 있지만, 진정한 그리스도인의 담대함은 구체적인 죄와 정황에서 나타난다.

기독교 설교자들에게는 사람을 모아서 "저기 밖에 있는" 모든 죄에 대해 설교하고 싶은 끊임없는 유혹이 있다. 즉, 세상에 있는 죄에 대해, 다른 교회에 존재하는 죄에 대해 설교하는 것이다. 하지만 신실함과 담대함은 우리가 지금 있는 바로 그곳에 실제로 존재하는 죄를 다루도록 요구한다. 우리가 어떤 죄를 담대하게 다뤄야 하는지를 궁금해하기만 한다면, 어떤 죄를 무시하거나 축소하고 싶은 유혹을 받는지 어렵지 않게 물어볼 수 있다. 우리는 어떤 죄를 가볍게 넘어가고 있는가? 우리는 어느 지점에서 은밀히 말하고 싶은 유혹을 받는가? 그러한 상황에서 그리스도인의 담대함을 요구한다.

다르게 말하자면, 담대함을 갖추기 위해서는 자신을 인식하는 일에 성장해야 한다고 할 수 있다. 우리는 주저하고 망설이는 순간이 언제인지, 그때 우리가 어떻게 반응하는지에 주의를 기울이는 방법을 배워야 한다. 다른 말로 하자면 우리의 욕구에 주의를 기울여야 한다는 것이다. 이러한 직관적이고 즉각적인 반응들은 무언가를 드러낸다. 그것들은 끊임없이 우리가 처한 사회적 맥락에 따라 조정되기에 우리가 누구를, 무엇을 두려워하는지 알려준다. 우리는 왜 머뭇거리는지 살펴보는 법을 배워야만 한다. 우리가 주저하는 것이 지혜와 신중함 때문인지, 아니면 비겁함과 두려움 때문인지 말이다. 만약 후자라면 우리는 이러한 자아 인식을 통해, 담대해지기 위해서 마음을 강하게 먹고 선천적인 머뭇거림을 극복할 수 있다.

베드로와 요한은 위협과 박해에 맞서 담대함을 유지했다. 처음에 그들은 그저 성가신 존재였다(행 4:2). 하지만 점점 시기의 대상이 되었고(행 5:17) 결국 분노와 폭력의 대상이 되었다(행 5:33, 7:54). 박해는 심각해졌지만 담대함은 유지됐다.

담대한 설교

그러한 담대함의 근원을 살펴보기 전에 앞선 사도행전 내용의 뒷부분에 나오는 하나의 예를 더 생각해 보자. 사도행전 21장에서 바울은 성령님께 이끌려 예루살렘으로 향했다. 그는 자신이 체포당하고 투옥당하여 죽을 수도 있음을 알면서도 그렇게 했다. 그리고 예루살렘에 도착해서는 사도 야고보의 조언에 따라 그리스도인 형제들과 성전에서 정결 예식에 참여했다. 그의 가르침에 대한 거짓 소문을 잠재우기 위함이었다. 그가 성전에 있을 때, 아시아로부터 온 유대인들이 거짓 혐의를 제기하며 폭도들을 선동했다. "이 사람은 각처에서 우리 백성과 율법과 이 곳을 비방하여 모든 사람을 가르치는 그 자인데 또 헬라인을 데리고 성전에 들어가서 이 거룩한 곳을 더럽혔다 하니"(행 21:28)(사실 바울은 그러한 방식으로 성전을 더럽히지 않았다).

폭도들은 바울을 때리기 시작하는데, 로마 군인들이 바울을 체포해서 그를 구조했다. 바울은 천부장이 자신을 반란군으로 오해하자(행 21:38) 사실관계를 바로잡고 사람들에게 또 말씀을 전한다. 우리는 바울이 위험에 직면했을 때도 평정심을 지키고 의연함을 볼 수 있다. 천부장은 폭도들을 봤지만, 바울은 회중을 봤다.

사도행전 22장에서 이 군중에게 전한 바울의 설교는 가교 놓기와 담대함 두 가지의 놀라운 조합이다. 한편으로 그는 흠잡을 데 없는 히브리어로 설교함으로써 군중을 놀라게 했다(그들은 당연히 이 반—율법, 반—유대인주의자이며 이방인을 사랑하는 그리스도인은 그리스어만 구사할 수 있으리라 생각했다). 바울은 그렇게 한 후에 자신의 간증을 전하고 그들을 예수님께 이끌기 위해 청중들과 간격을 메우려고 힘썼다.

- 그는 자신이 유대인으로서 그들의 유산을 공유하고 있음을 강조한다(행 22:3).
- 그는 자신이 하나님에 대한 그들의 열심을 공유하고 있음을 강조한다("오늘 너희 모든 사람처럼," 행 22:3).
- 그는 자신도 그리스도인을 박해했고 그들을 감옥에 넣고 처벌도 받게 했음을 강조한다(행 22:4-5).

그 후 바울은 자신이 다메섹으로 가는 길에서 부활하신 예수님을 만난 이야기를 전했다. 이 순간이 그에게는 삶의 전환점이었는데, 이렇게 말하는 수사학적 전략은 사실상 명백하다. "저도 여러분과 같이 하나님을 향한 열심에 가득한 박해자였습니다. 그런데 예수님께서 저를 말에서 떨어뜨리시고 제 열심을 다른 방향으로 돌리셨습니다. 저는 여전히 하나님께 열심이 있습니다. 하지만 제 열심은 이제 저의 죄를 위해 죽으시고 부활하신 메시아로 인해 새롭게 형성되었습니다."

그리고 바울은 계속해서 가교를 놓기 위해 애를 쓴다. 그래서 자신의 시력을 회복해 주고 세례를 준 아나니아가 "율법에 따라 경건한 사람으로 거기 사는 모든 유대인에게 칭찬을 듣는"(행 22:12) 사람임을 강조한다. 그리고 그 와중에도 복음을 엮어간다. 즉, 예수님을 "그 의인"(행 22:14)이라고 말한 것이다. 그분의 이름을 부르면 너희의 죄가 씻어진다(행 22:16)고도 선포한다. 세례는 예수님과 그분의 백성이 하나 됨을 공적으로 나타내는 것임도 전한다. 바울은 심지어 자신이 회심한 직후에 기도하러 성전(자신이 반대했다고 알려져 있는)에 왔었다는 점도 강조한다. 다른 말로 하자면, 자신이 믿는 기독교 때문에 유대주의를 외면하게 되지도 않았고, 기독교가 오히려 유대주의를 성취했다고 알렸다.

그렇다면 가교 건설자인 바울이 본질적으로 말하려고 하는 바는 다음과 같다. "저는 당신들과 같습니다. 저도 한때는 하나님을 향한 열심이 예수님을 따르는 이들을 반대하고 박해하는 것이라고 생각했습니다. 하지만 제 이야기는 예수님과 충돌했고 그분은 모든 것을 바꾸셨습니다. 아, 모든 것은 아니겠군요. 저는 여전히 하나님께 열심을 품고 있기 때문입니다. 그리스도인은 좋은 평판을 지닌 독실한 사람들입니다. 제가 그 의인이신 예수님의 이름을 부를 때 제 모든 죄가 씻겼기 때문입니다. 그리고 당신들의 죄도 그렇게 될 수 있습니다. 예수님에 대한 제 증언을 거부할 필요는 없습니다."

그런데 바울은 자신이 그리스도인으로서 신실함을 지키려면 가교 놓는 것만으로는 충분하지 않다는 사실을 알았다. 반드시 담대함이 필요했는데 예수님과 죄에 관해 분명한 용기를 보여야만 했다. 이제 바울이 자신의 설교를 어떻게 마치는지, 그리고 군중이 어떻게 반응하는지 주목하라. "나더러 또 이르시되 떠나가라 내가 너를 멀리 이방인에게로 보내리라 하셨느니라 이 말하는 것까지 그들이 듣다가 소리 질러 이르되 이러한 자는 세상에서 없애 버리자 살려 둘 자가 아니라 하여"(행 22:21-22).

그들이 바울의 말을 집중해서 듣고 있었다는 점에 주목하라. 그들은 열중하고 있었는데 그들 중 몇몇은 바울에게서 자기 모습을 보기 시작하면서 예수님을 부르려고 했을지도 모른다. 그런데 바울은 바로 이방인들 역시 하나님의 백성이라고 굳이 말하면서 분위기를 망친다. 그래서 군중들이 다시 격노했고 그렇게 설교는 끝난다.

바울은 자기 말이 어떤 반응을 일으킬지 분명히 알고 있었다. 이 바울이 "더러운 이방인"을 성전에 데려왔기 때문에 이 군중은 이미 분노해 있었다(행 21:28-29 참조). 바울은 율법에 열심인 사람이 누구보다도 이방인을 경멸한다는 사실을 알았다.

그러나 그는 예수님이 자신의 삶을 어떻게 바꾸셨는지 간증하며 군중이 침묵에 빠질 정도로 집중해서 듣게 했고 결국 이방인 이야기를 하고 만다. 사실 그 이야기를 하지 않을 수도 있었다. 바울은 "저는 당신들과 같았는데 이제 당신들도 저와 같아질 수 있습니다. 예수님을 부르십시오. 그분은 당신의 죄를 씻으시고 하나님을 향한 당신의 열정을 정결하게 하실 것입니다"라고 설교를 마무리할 수도 있었다.

하지만 거기에서 멈추지 않았다. 거기에서 멈출 수가 없기 때문이다. 바울은 담대해야만 했다. 예수님이 누구신지, 죄가 무엇인지에 대해 용기를 내고 또렷하게 밝혀야만 했다.

이 부분은 우리에게 도전이 된다. 복음에서 사람들이 좋아할 법한 부분만을 전하고 거친 가장자리는 얼버무려서 사람들을 예수님에게로 데려가기란 쉽다. 이렇게 말할 수도 있다. "우리는 우선 그들이 믿게 한 후에 어려운 진리를 말할 것이다. 그것을 '훈련'이라고 하는 것이다. 하지만 현재로서는 그들을 불편하게 만들 수 있는 어떤 진리는 의도적으로 피하려고 한다."

그러나 우리는 이 쉬운 방법을 선택하지 않을 수 있다. 사람들에게 자신의 죄와 우상 숭배를 회개하라고 촉구할 때는 그들이 화를 낼 것을 감수해야 한다. 하나님은 우리에게 복을 주시고 우리를 자신의 악에서 돌이키시려고 예수님을 보내셨다(행 3:26). 즉, **우리 자신의** 악함은 우리에게 속한 바로 그 구체적인 악함을 말한다. 당신이 백인 우월주의자에게 복음을 전할 때, 인종적 자부심과 증오심을 버리라고 촉구하지 않을 수 없다. 그리고 파티를 즐기는 학생에게 복음을 전할 때는 술 취함과 방탕함을 버리라고 촉구하지 않을 수 없다. 또 동성애자에게 복음을 전할 때 동성애를 하지 말라고 촉구하지 않을 수 없다. 그뿐 아니라 현대 평등주의 진보주의자들에게 복음을 전할 때 인간 본성과 결혼 및 남성 여성과 성에 대해 잘못된 견해에 빠지지 말라고 촉구하지 않을 수 없다.

사실 그런 설교는 관계를 끝장낼 수도 있다. 그리고 사람들은 이렇게 말할지도 모른다. "그런 편협한 자는 멀리하라." 하지만 예수님께 신실하다는 의미는, 그들의 죄에 맞춰서 진리를 조정할 권리가 우리에게 없다는 뜻이다. 우리의 소명은 진리를 증거하고 예수님이 누구이신지, 그분이 행하신 일이 무엇인지 증언하는 것뿐이다. 우리는 우리의 간증과 증언이 설득력 있기를, 그래서 하나님이 움직이셔서 그 사람들이 좋은 소식을 받아들이기를 바라고 또 기도한다.

하지만 우리의 간증과 증언은 신실해야 한다. 그로 인해 회심에 이르든, 거부에 이르든 말이다. "우리는 구원 받는 자들에게나 망하는 자들에게나 … 그리스도의 향기니"(고후 2:15). 우리는 생명에게 생명의 향기요, 사망에게 사망의 향기다. 따라서 회심한 사람을 더 얻기 위해서 진리를 타협한다거나 축소한다거나 완화한다거나 숨기는 일은 있을 수 없다. 우리는 반드시 반응과 상관없이 담대하게 증거해야 한다.

용기를 더하는 법

그렇다면 이 담대함은 어디에서 오는가? 근본적으로는 성령님에게서 온다. 베드로는 산헤드린의 질문에 "성령이 충만하여"(행 4:8) 답했다. 초기 그리스도인들은 위협에 닥쳤을 때 "성령이 충만하여 담대히 하나님의 말씀을 전하니라"(행 4:31)고 한다. 스데반은 "성령 충만하여"(행 7:55) 그를 거짓으로 고소하고 체포한 유대 지도자들을 나무란다. 빌립보서 1장을 고찰하며 살폈듯이, 성경이 말하는 용기란 성령님이 일으키시고 기도로 부채질하는 것이다.

하지만 성령님뿐만은 아니다. 유대 지도자들은 사도들의 담대함을 인식하면서 베드로와 요한이 "전에 예수와 함께 있던 줄"(행 4:13)을 알았다. 이 말씀은 의심할 바 없이 그들이 그리스도의 지상 사역에 함께 했음을 전한다. 여기에 오늘날 우리에게 해당하는 내용도 담고 있다.

즉, 우리 역시 담대하기를 바란다면, 성령으로 충만하고 예수님과 함께해야 한다는 사실이다. 그리고 사도행전은 우리에게 그리스도인이 지닌 담대함의 궁극적인 근원뿐 아니라 담대함을 더할 수단도 보여준다. 베드로와 요한은 풀려나며 예수님의 이름으로 말하고 다니지 말라는 경고를 받는다. 그런 후 그들은 어떻게 했는가?

첫째, 그들은 모였다. "그 동료에게 가서 제사장들과 장로들의 말을 다 알리니 그들이 듣고 한마음으로 하나님께 소리를 높여 이르되"(행 4:23-24). 그리스도인의 담대함은 개인적인 것이 아니다. 하나님의 백성과 모여 그분의 얼굴을 함께 구할 때 나온다. 지난 장에서 살폈듯이 용기는 전염성이 있다.

둘째, 그들은 기도했다. "대주재여 천지와 바다와 그 가운데 만물을 지은 이시요…그들의 위협함을 굽어보시옵고 또 종들로 하여금 담대히 하나님의 말씀을 전하게 하여 주시오며"(행 4:24, 29). 전능하신 천지의 창조자께 담대함을 구하는 자에게 담대함이 임한다. 그들이 은혜의 보좌에서 담대함을 후하게 주시도록 간청하기 때문에 성령님은 그리스도인을 담대함으로 채우신다.

바울은 에베소서에서 바로 이러한 기도를 드리라고 요청한다. 그는 에베소인들에게 인내하며 깨어서 자신을 위해 탄원하라고 말한다. "내게 말씀을 주사 나로 입을 열어 복음의 비밀을 담대히 알리게 하옵소서 할 것이니 이 일을 위하여 내가 쇠사슬에 매인 사신이 된 것은 나로 이 일에 당연히 할 말을 담대히 하게 하려 하심이라"(엡 6:19-20). 바울은 복음을 담대하게 선포해야 하기에 하나님께서 요구하시는 바를 공급해 주시도록 기도해 달라고 요청한다.

셋째, 그들은 하나님께 약속을 지켜 주시기를 구했다. 사도행전에서 성도들은 기도하며 하나님께서 말씀하신 바를 하나님께 다시 올려 드린다. 그들은 시편 2편을 인용하며 하나님이 예수님 안에서 거두신 왕의 승리를 경축한다. 그리스도인의 담대함은 하나님의 말씀 위에 세워진 담대함이다.

여호수아를 여는 첫 권고는 담대함에 관한 성경의 근거를 강조한다. 강하고 담대하기 위해 반복되는 권고는, 결국 "율법책"을 주야로 묵상하여 우리 입에서 그 말씀이 떠나지 말게 하라는 것이다(수 1:6, 8).

그렇게 하면서 그들은 마침내 하나님의 손길과 계획을 찾는다. 그들은 성경을 읽고 성경으로 기도할 뿐 아니라, 성경에 비추어 자신들의 이야기를 읽어내며 자신들의 삶에서 하나님의 손길과 계획을 찾는다. 그들은 그리스도에 대적하는 유대와 로마의 박해 뒤에 있는 하나님의 섭리를 보며 그리스도와 그리스도의 백성에 대한 지속적인 반대 뒤에도 하나님의 섭리가 있다고 본다.

사도행전의 성도들은 불같은 시험에 놀라지 않았다. 그들은 고난과 박해를 당연하게 여겨서 사람들의 조롱은 그들에게 충격이 아니다. 왜냐하면 예수님이 이러한 종류의 박해를 예견하셨기 때문이다.

그러므로 우리 역시 놀라지 말아야 한다. 오히려 우리는 그분의 약속을 신뢰해야 한다. 그분은 우리와 함께하시며 모든 일에 우리의 선을 위해 일하시겠다고 말씀하셨다. "환난이나 곤고나 박해나 기근이나 적신이나 위험이나 칼이랴…이 모든 일에 우리를 사랑하시는 이로 말미암아 우리가 넉넉히 이기느니라"(롬 8:35, 37).

예수님의 이야기가 곧 우리의 이야기다. 따라서 우리는 그 이야기로 모이고 성령님 안에서 하나님의 말씀으로 기도하기에 사도들과 같이 담대하게 하나님의 말씀을 전할 수 있다.

chapter 5

용기와 성별

　용기는 종종 남성적인 미덕으로 여겨진다. 아리스토텔레스는 "용기의 정점이란 전장에서 죽음을 앞두고 표출되는 결연한 기개"라고 논한다. 용기를 최고로 표출하기 위해 전쟁이 필요하다면, 당연히 용기는 남성과 밀접하게 연결될 것이다. 보통 남성이 전쟁에서 싸울 일이 더 많기 때문이다.

　전쟁의 상황이 아니라면, 남성과 용기의 연관성은 남성과 여성에게 각각 두드러지는 경향과 성향에 일부 기인할 것이다. 예를 들어, 남성은 선천적으로 위험을 감수하고 자발적으로 위험을 추구하는 경향이 있다. 그 결과 남성들은 위험하고 무모한 대담성과 공격적인 개척 정신을 요구하는 상황에 처하는 경우가 잦다.

이에 반해 여성은 남성보다 위험을 기피하고 편안함과 안전함을 더 가치 있게 여기는 경향이 있다(눈에 띄는 예외도 있지만 말이다).

좀 더 포괄적으로 말하자면, 용기는 습관으로 형성된 마음의 침착함과 굳은 결의로서 위대한 선에 대한 깊은 열망으로 두려움을 극복하는 것이다. 이는 다양한 상황에서 여러 형태를 띤다. 따라서 자발적으로 위험을 추구할 때만 용기가 요구되지 않는다. 위험과 고난은 자주 우리를 찾아오고 사람을 가리지도 않는다. 남자와 여자 모두 자신이 외적으로는 싸움과 내적으로는 두려움에 직면하게 된다. 따라서 성별 상관없이 누구든지 용기를 내는 것은 당연한 일이다.

다만 대담성과 용맹함과 같은 몇몇 형태의 용기는 남성들에게서 더 자주 드러난다. 남성들이 그러한 용기를 요구하는 상황에 더 자주 처하기 때문이다. 다른 말로 하자면 남성에게서 이러한 형태의 용기가 나타나는 것은 그저 기회와 상황의 차이라는 뜻이다. 상대적으로 여성은 그러한 용기를 요구하는 상황에 처하는 일이 덜하지만, 분명히 여성에게도 그런 식으로 선도하며 자발적으로 위험을 감수하는 능력이 있다.

따라서 용기와 성별의 문제에는 **정량적인**(quantitative) 측면이 있다. 즉, 남성과 여성의 서로 다른 성향과 소명으로 인해 남성과 여성은 종종 다른 맥락에서 용기를 표출하는 경우가 많다는 점을 인정한다.

하지만 그렇다고 하더라도, 우리는 여전히 용기가 남성적으로 또는 여성적으로 구별되어 발현된다는 점에 주목하는 것이 옳다. 즉, 정량적인 측면에 더해 **정성적인**(qualitative) 측면 또한 있다는 것이다. 간단히 말해서 미덕은 인간적인 것이다. 그 말은 우리 삶의 다른 여러 측면과 마찬가지로 미덕 역시 남성과 여성에게 공통적이며 성별에 영향을 받는다.

억양을 붙인다(inflect)는 말은 특정한 기분이나 느낌을 표현하기 위해 목소리의 높낮이나 어조를 바꾼다는 의미다. 문법에서는 어미변화(inflect)라고 하는데 시제, 분위기, 인칭, 격, 숫자 또는 성별과 같이 단어의 형태를 바꿔 특정한 문법 기능 또는 특징을 표현한다.

예를 들어, 스페인어 및 여러 언어에는 남성형과 여성형이 있는 단어가 있다. *Hermano*는 "형제"를 의미하고 *hermana*는 "자매"를 의미한다. *Hijo*는 "아들"을 의미하고 *hija*는 "딸"을 의미한다. 두 쌍의 경우 그 형식에 공통인 것이 있는데, 즉 우리가 형제자매(*herman-*) 또는 자녀(*hij-*)를 말하고 있음을 나타내는 무언가가 있다는 점이다. 각 단어의 어미(*o* 또는 *a*)는 그저 이 공통 요소를 적합한 성별로 변형할 뿐이다.

이 점에서 언어는 현실을 반영하는데, 미덕의 현실도 그렇다. 미덕은 공통적이지만, 성별에 의해 변형된다는 것이다. 여성에게든 남성에게든, 위험을 감수하는 것이든 인내하는 것이든, 공격적인 대담성이든 순종적인 결의든, 용기는 용기다. 하지만 우리는 남성 또는 여성이기 때문에 용기는 언제나 남성적인 방식 또는 여성적인 방식으로 다르게 구체화되고 표출될 것이다.

언제나 그렇듯이, 이러한 정의는 다소 추상적일 수 있다. 그래서 오히려 이야기가 그러한 현실을 더 분명하고 구체적으로 전달할 때가 많다. 이 장의 나머지 부분에서는 용감한 남성과 여성의 예를 보임으로써 남성과 여성의 용기에서 정량적이고 정성적인 측면을 모두 살펴보고자 한다. 먼저는 성경에서, 그리고 셰익스피어와 나니아에서 살펴볼 것이다. 이러한 예들이 삶에서 용기를 구현하도록 그리스도인들에게 영감을 주기를 바란다.

용기 있는 대장부가 되는 것

성경에는 남성적인 용기에 관한 예가 많이 있는데 그중 몇 가지 예를 지난 장들에서 찾아봤다. 일부 본문은 용기와 남성성을 명시적으로 연결한다. 사무엘상 4장에서 블레셋은 이스라엘과 전쟁을 벌이고 이스라엘은 패배한 후 자신들이 진 이유를 설명하려고 한다. 그들은 자신들이 언약궤를 전장에 가져가지 않았다는 사실을 깨닫고는 제사장들에게 진영으로 언약궤를 가져와 달라고 요청한다. 그들은 본질적으로 언약궤를 마법의 부적처럼 취급한 것이다.

블레셋인들은 언약궤가 진영에 왔다는 소식을 듣고 두려워 떤다. 그들은 히브리인들의 하나님이 애굽인들에게 행하신 일을 들었기 때문에 자신들에게도 같은 일이 벌어질까 두려웠다.

그럼에도 그들은 서로를 격려하며 말한다. "너희 블레셋 사람들아 강하게 되며 대장부가 되라 너희가 히브리 사람의 종이 되기를 그들이 너희의 종이 되었던 것 같이 되지 말고 대장부같이 되어 싸우라"(삼상 4:9). 강하게 되는 것, 대장부가 되는 것 그리고 전투에서 싸우는 것은 모두 불가분 연결되어 있다. (이스라엘은 신실하지 못했기 때문에 블레셋인들은 다시 전쟁에서 승리한다.)

사무엘상 뒷부분에서 우리는 다시 성경이 말하는 용기의 고전적인 예를 확인할 수 있다. 가드 지역의 골리앗은 블레셋의 위대한 전사였는데 키가 매우 크고 힘이 엄청났으며, 전투 경험이 풍부하고 무장도 뛰어났다. 그는 이스라엘 군대에게 도전하면서 일대일 결투를 요구한다. 그의 키와 힘, 그의 조롱과 무력은 이스라엘 사람들을 두렵게 만든다. 사울 왕과 온 이스라엘이 "놀라 크게 두려워하니라"(삼상 17:11)고 성경에 기록되어 있다. 두려움의 격정이 그들을 압도했고 그들은 도망갔다(삼상 17:24).

이새의 막내아들이자 목동인 어린 다윗이 이스라엘 군영에 있는 형들을 찾아간다. 그리고 그곳에서 골리앗이 조롱하며 도발하는 소리를 듣는데 이스라엘이 두려움 때문에 치욕을 당하고 있음을 깨닫는다. 블레셋에게서 도망친 이스라엘은 수치와 모욕을 당한다. 남자답지 못한 비겁함에 충격을 받은 다윗은 자신이 골리앗과 싸우겠다고 나선다. "그(골리앗)로 말미암아 사람이 낙담하지 말 것이라 주의 종이 가서 저 블레셋 사람과 싸우리이다"(삼상 17:32). 막강한 대적과 싸우겠다는 자진하는 마음, 심지어 열의로 표출되는 다윗의 용기를 주목하라.

사울 왕이 그런 전장에 나서기에는 그가 너무 어리다고 막아서자, 다윗은 양 떼를 사자와 곰에게서 지키면서 어린 날부터 용기와 용맹함을 배웠다고 일러준다. 그는 자신의 용감함과 경험을 설명하면서 성경적 용기의 역설을 완벽하게 표현한다.

다윗은 사자와 곰을 쳐 죽여 그 입에 물린 어린양을 건져냈다. 따라서 그가 사자와 곰을 쳐 죽였듯이, 살아계신 하나님의 군대를 모욕하는 할례받지 못한 블레셋인도 쳐 죽일 것이다(삼상 17:34, 37).

그런데 그는 그렇게 할 수 있는 근거가 자신의 힘이나 솜씨가 아니라 오직 주님임을 인정한다. "여호와께서 나를 사자의 발톱과 곰의 발톱에서 건져내셨은즉 나를 이 블레셋 사람의 손에서도 건져내시리이다"(삼상 17:37). 그의 용기는 주님의 힘과 은혜에 근거한다.

다윗은 골리앗 앞에서도 마찬가지로 성경적인 용기를 보인다. 거인의 조롱에 맞서 다윗은 이렇게 말한다. "너는 칼과 창과 단창으로 내게 나아 오거니와 나는 만군의 여호와의 이름 곧 네가 모욕하는 이스라엘 군대의 하나님의 이름으로 네게 나아가노라 오늘 여호와께서 너를 내 손에 넘기시리니 내가 너를 쳐서 네 목을 베고"(삼상 17:45-46). 주님이 골리앗을 다윗의 손에 넘기실 것이다. 물론 다윗 역시 적극적으로 골리앗을 칠 것이다.

이것이 바로 주님의 이름으로 용기 있게 싸운다는 진정한 의미다. 다시 말해, 이러한 용기의 형태는 공격적이고 위험을 감수하는 군인에게 요구되는 것이기에 전쟁터와 싸움에서 발현된다.

한 번 더 돌파구로 돌격!

우리가 보는 책, 연극 그리고 영화는 다윗과 골리앗의 전투와 같은 장면들로 가득하다. 〈브레이브 하트〉부터 〈글레디에이터〉와 〈반지의 제왕〉에 이르기까지, 사람들은 영화에서 전선이 형성되고 지도자가 군대 앞에서 전의를 다지며 용기를 불타오르게 하는 순간에 감동한다. 그러한 장면은 대개 지도자가 선두에 서서 전장으로 돌진하며 용맹함과 담대함을 발휘하는 것으로 끝난다.

셰익스피어의 〈헨리 5세〉는 그런 장면을 담고 있는 고전적인 예다. 헨리 왕은 왕좌를 차지하기 위해 프랑스 군대에 맞서 수하를 이끈다. 그는 하플뢰르(Harfleur) 도시를 포위하고 문학상 가장 유명한 전쟁 연설을 하는데[1] 우리가 용기에 대해 살펴본 여러 진리를 구체적으로 표현한다.

한 번 더 저 돌파구로 돌격! 병사들이여, 한 번 더!
아니면 잉글랜드군의 시체로 그 틈을 메워버려라.

용기는 포기하지 않고 한 번 더, 한 번 더 한다. 그리고 다시, 또다시 한다. 이것이 용기의 표시인 불굴의 의지와 인내심이다.

평화로울 때는 부드러운 침묵과 겸손이야말로
남자의 미덕이겠으나
일단 전쟁의 회오리바람이 불어 귓전을 때리면
호랑이처럼 행동해야 한다.

평화로울 때 적절한 미덕이 있다. 부드러움, 겸손함, 고요함과 평온함 등 다 적합할 때가 있다. 그런데 전쟁이 닥치면, 우리는 다른 능력을 발휘해야만 한다. 즉, 반드시 호랑이의 행동을 따라야만 한다. 아니면 성경에서 말하듯이, "의인은 사자 같이 담대"(잠 28:1)해야 한다. 그런데 우리는 어떻게 호랑이를 닮을 수 있는가?

근육을 곤두세우고 피를 용솟음치게 하며
온화한 성품을 무섭게 화난 표정으로 무장하라.
눈을 날카롭게 번뜩여라.

성벽 틈 사이로 적을 노리는 대포처럼
두 눈을 부릅뜨고 노려보아라.
눈 위로는 눈썹을 치켜뜨며 사납게 보여야 한다.
깎아지른 듯한 바위 절벽이
거세게 몰아치는 바닷물에 깎이고 파인 바다 위에
불쑥 튀어나와 있듯이 말이다.
자, 이를 악물고 그 콧구멍을 크게 넓혀
숨을 힘껏 들이마시며 용기를 최대한 드러내는 거다!
돌진하는 거다, 돌진!

온몸으로 호랑이를 따라 해야 한다. 사나운 표정을 짓고, 눈썹을 치켜뜨고, 사납게 보이며, 이를 악물고, 콧구멍을 벌렁거리며, 근육에 잔뜩 힘을 주고 뛰쳐나갈 준비를 하는 것이다. 이처럼 헨리의 연설은 부하들에게 본받을 하나의 본을 제시한다.

고귀한 잉글랜드 용사들이여,
백전백승으로 단련된 그대 아버지들로부터
이어받은 피가 그 몸속을 돌고 있느니라.
그 아버지들은 한 사람 한 사람,
저마다 알렉산더 대왕이 되어
이 땅에서 아침부터 밤까지 싸웠으며

적이 보이지 않을 때까지 칼을 내려놓지 않았다.
그러하니 그 아버지의 자식임을 증명해 보여야 하느니라.
그렇지 못하면 어머니의 정조를 욕되게 하는 거다.
이제야말로 낮은 신분의 사람들에게 본보기를 보이며
어떻게 싸워야 하는지 방법을 알려주어라!

이제 헨리는 영국 귀족들에게 말한다. 그들은 먹이를 향해 뛰어들 준비가 되어 있는 호랑이를 닮아야 할 뿐 아니라, 호전적인 그들의 선조를 닮아야 한다. 이 선조들은 전투 경험이 풍부한 자들이다. 그들은 알렉산더 대왕과 같이 새벽부터 황혼까지, 동틀 녘부터 해 질 녘까지, 더 이상 싸울 상대가 남아 있지 않을 때까지 싸웠다. 용기를 내라는 호소는 그들의 아버지와 어머니의 명예와 영예에 부응하라는 호소다. 용기란, 조상의 이름을 간직하고, 자신에게 전해진 명성에 걸맞도록 사는 것이다.

더 나아가, 귀족들은 그들의 용기를 평민들에게 용기를 전하고 싸우는 방법을 가르쳐야만 했다.

자, 우리 향사들이여,
잉글랜드에서 태어나 갈고닦아 온
그 기개를 보여주어라.
그대들이 조국에 부끄럽지 않은 백성이라고

내가 떳떳이 말하게 해다오.
물론 나는 이 점을 의심치 않으니
그대들 눈빛엔 기품이 넘치며
비열하고 못난 자는 단 한 사람도 없느니라.

마지막으로, 헨리는 평민들에게 나라의 영광을 위해 일어서라고 촉구한다. 그들의 태생이 평범하든 또는 아무리 미천하든, 헨리는 그들의 눈에서 고결함을 본다. 그들은 용감하고 담대한 잉글랜드 사람들이다.

그대들은 오늘 가죽끈을 팽팽히 잡아당기고 있는
사냥개처럼 뛰어나가려 으르렁대고 있다.
자, 사냥감이 눈앞에 나타났다. 용기를 내어 나아가자.
그리고 외치자. "신이여, 해리 왕을 도와주소서.
수호천사인 조지 성인이여, 잉글랜드를 지켜주소서!"

이제 마지막 외침, 마지막 **격려**의 소리다. 헨리 왕은 함성을 지르며 부하들에게 하나님과 그들이 달성하기 위해 싸우는 선을 일깨운다. 그리고 부하들이 다시 한번 돌파구로 돌격하도록 이끈다. 그의 용기는 공격적인 대담성, 승리라는 목표를 달성하는 길에서 위험을 감수하고 장애물을 극복하려는 의지로 명확하게 나타난다.

 이 용기는 전염성이 있어 헨리로부터 귀족들에게로, 귀족들에게서 평범한 군사들에게로 퍼져나간다. 헨리의 말과 행동은 부하들을 북돋아 그들이 두려움을 이기고 얽매이지 않으며 강력하게 싸워 승리하도록 만든다.

가장 먼저 나서고, 가장 나중에 물러서고, 가장 크게 웃기

 헨리의 연설과 같은 글들은 지난 사백 년 동안 우리의 이야기 속에서 계속 회자되어 왔다. 나는 셰익스피어가 헨리를 묘사한 글이 루이스가 『말과 소년』에서 왕권을 묘사한 글에 영향을 줬다고 생각한다. 그 책에서 룬 왕은 아들들에게 왕권의 정수를 이렇게 표현한다.

 왕이 된다는 것은 다음과 같으니라.
 모든 필사적인 공격에는 가장 먼저 나서는 것이며
 모든 필사적인 후퇴에는 가장 나중에 물러서는 것이며
 그 땅에 기근이 들 때는(지금도 그렇듯이 힘든 그 시절에도)
 그 땅의 어느 사람보다 부족한 식사를 하면서도
 더 좋은 옷을 입고 더 크게 웃는 것이니라.[2]

그런데 오해하지는 말라. 룬 왕은 그냥 말만 하는 사람이 아니라 행동으로 뒷받침한다. 라바다슈(Rabadash)와의 전투 중에 안바드(Anvard)의 문이 열리자, 적과 가장 먼저 맞선 사람이 룬이었다. 그는 지도자가 된다는 것은 먼저 죽는 특권을 소유한다는 뜻임을 마음속 깊이 알고 있었다.

그러나 다스리는 일은 전투와 전쟁이 전부가 아니다. 다른 시련(가뭄과 같은) 가운데서도 지도력을 발하는 것이다. 더욱이, 우리는 용기 있는 왕권의 핵심 요소가 웃음에 있다는 루이스의 강조점을 놓치지 말아야 한다. 용기는 무뚝뚝한 결의와 체념으로 고난에 맞서는 것이 아니라, 시련 가운데서도 가장 크게 웃는 것이다.

다윗은 시편 19장 5절과 6절에서 기쁨으로 자기 길을 달려가는 전사를, 하늘을 가로지르는 이글거리는 태양으로 비교함으로써 용기의 이러한 모습을 가리킨다. 다윗의 용사 중 하나인 요셉밧세벳이 불타는 눈으로 창을 들고 목적을 가지고 **기쁨으로** 전쟁터를 향해 달려가는 모습을 그려보라.

용기란, 고난에 직면해서도 기꺼이 안정을 누리고 희망으로 가득 차 있는 마음가짐이다. 루이스는 다른 책에서 웃음과 유쾌함과 진실한 마음이 "용기에 필연적으로 수반되는 것"[3]이라고 규정한다. 전쟁터든 그 외의 어느 곳이든 말이다.

현실은 위험하고 두려움이 완연할지 모르지만, 진정한 용기는 마음을 다해 모든 것을 다 쏟는 것이기에, 모든 장애물을 극복하는 노력을 즐거워한다.

용기와 두려움은 모두 전염되기에 리더는 담대한 모습을 보여야 할 때가 있음을, 그리고 희망과 기쁨을 드러내며 걱정에 빠진 자들을 **격려해야** 하는 때가 있음을 안다.

누군가는 영화 〈신데렐라맨〉(Cinderella Man)에 나오는 지미 브래독(Jimmy Braddock)을 떠올릴 것이다. 그는 아직 배고파하는 딸에게 자기 아침을 주면서 저녁으로 스테이크 먹는 꿈을 꿨더니 아직 배가 부르다고 한다.

아니면 로베르토 베니니(Roberto Benigni)가 〈인생은 아름다워〉(Life Is Beautiful)에서 보여준 귀도 오레피체(Guido Orefice)를 떠올리는 이도 있을 것이다. 귀도는 이탈리아계 유대인인데 가족 모두 홀로코스트 중 강제 수용소로 내몰린다.

그는 악에 직면해서도 어린 아들의 순진성을 지키기 위해 모든 일이 게임인 척한다. 그래서 아들인 지오수(Giosue)에게 1,000점을 얻어 탱크를 받으려면 울거나 불평해서는 안 된다고 말한다. 귀도는 영화 끝까지 게임을 이어가는데, 독일군 장교가 자신을 끌고 가서 처형하는 마지막 순간까지도 지오수를 상자에 숨게 하고는 놀이를 한다. 그는 익살스럽게 상자 옆을 지나치며 아들에게 윙크를 한다. 공포에 직면한 순간에도 아들을 위해 가장 큰 웃음을 터뜨린 것이다.

이러한 예는 전쟁, 죽음, 고난에 맞서 드러나는 남성적 용기의 표상들이다. 집이든, 교회든, 세상에서든 다른 이를 이끌도록 부름 받은 남성이라면, 하나님이 그들을 부르신 어떠한 일이든 즐거운 희생, 기꺼운 담대함, 위험을 감수하려는 개척자의 마음 그리고 강렬하지만 행복한 대담함을 보여주는 본이 필요하다. 가장 먼저 나서고, 가장 나중에 물러서고, 가장 크게 웃는 룬 왕의 용감한 정신을 하나님이 우리에게도 일으켜 주시기를 기대한다.

하나님께 소망을 두는 거룩한 여성들

그리스인들에게 용기와 결의는 특히 남성적인 미덕이었다. 그러한 미덕의 정점은 전장에서 육체적 힘과 공격하는 용맹함과 관련이 있었기 때문이다. 하지만 기독교는 고난과 악을 인내하는 것을 용기의 정점으로 격상함으로 이러한 고전적인 미덕을 완전히 바꾸어 놓았다. 그리스도인이 발휘하는 용기의 가장 분명한 표현 방식은 전장에서의 공격성보다는 순교가 되었다.

이렇게 강조점과 초점이 이동하면서 다양한 곳에서 용기의 표현 방식이 다양하게 나타난다. 즉, 용기가 더 이상 그저 강하고 신체 건강한 남성의 영역에 머물러 있지 않게 된 것이다. 오히려 여성, 어린이와 약자가 그 영혼을 안정하게 지키며 꾸준히 악을 인내함으로써 그리스도인의 용기를 함양하고 나타낼 수 있다.

사도 베드로는 그리스도인 아내들에게 전하는 권고에서 용기에 관해 이러한 관점을 정확하게 표출한다. 아내들은 남편들이 불순종하는 믿지 않는 사람이라고 할지라도 복종해야 한다. 그들은 육체적으로 과시할 수 있는 것들을 가지고 외적으로 자신을 꾸미기보다는 "온유하고 안정한 심령의 썩지 아니할 것으로 하라 이는 하나님 앞에 값진 것"(벧전 3:4)으로 단장해야 한다.

"온유하고 안정한 심령"은 성격 특성이 아니다(마치 하나님이 외향적인 사람보다 내향적인 사람을 좋아하신다는 것처럼 말이다). 부끄럼타는 수줍은 사람이 된다고 해서 내재적인 미덕이 있는 것이 아니다. 오히려 "온유하고 안정한 심령"은 영적인 결의, 감정적인 힘, 영적인 평정심을 말한다. 이러한 여성은 질서정연한 영혼, 즉 자신의 소명과 위치에 만족하여 차분한 정신을 지닌다.

안정한 심령은 소란스러운 심령과 반대다. 솔로몬이 금지된 여성, 즉 창녀에 관해 경고한 말을 생각해 보라.

"이 여인은 떠들며 완악하며
그의 발이 집에 머물지 아니하여"(잠 7:11).

사도 바울은 "게으름을 익혀 집집으로 돌아다니고 게으를 뿐 아니라 쓸데없는 말을 하며 일을 만들며 마땅히 아니할 말을 하"(딤전 5:13)는 여인들에 관해 비슷한 경고를 한다. 그렇게 소란스럽고 불만이 많은 여인들의 반대는 "시집가서 아이를 낳고 집을 다스리고 대적에게 비방할 기회를 조금도 주지"(딤전 5:14) 않는 자들이다.

베드로는 더 나아가 베드로전서 3장 4절의 "온유하고 안정한 심령"을 남편에게 순종하는 것과 분명히 연결한다. "전에 하나님께 소망을 두었던 거룩한 부녀들도 이와 같이 자기 남편에게 순종함으로 자기를 단장하였나니 사라가 아브라함을 주라 칭하여 순종한 것 같이"(벧전 3:5, 6). 4절에서 단장이란, 온유하고 안정한 심령을 말한다. 5절에서는 사라와 같이 남편에게 순종하는 일이고 6절에서 베드로는 이 모든 것을 용기와 연결한다. "너희는 선을 행하고 **아무 두려운 일에도 놀라지 아니하면** 그의 딸이 된 것이니라."

그렇게 한 후, 이 구절은 이 책 내내 제시된 용기에 관한 비전을 확언하고 확장한다. 이 구절의 여러 요소를 한데 모으면, 사라가 용기의 본보기로 제시되고 있음을 확인한다. 사라의 딸들은 "아무 두려운 일에도 놀라지 아니"한다. 여기서 용기란 내적 결의와 정신력의 문제다. 그것은 행동으로 표출되기 이전에 이미 "마음에 숨은 사람" 안에 있다.

이 내면의 힘은 하나님에 대한, 살아 있는 희망에서 나온다. 여호수아와 이스라엘 백성처럼 사라와 그의 딸들은 반드시 용기를 내어 강해져야 한다. 왜냐하면 그들은 하나님이 자신들과 함께하시고 자신들을 위하신다는 사실을 알고 또 믿기 때문이다. 더욱

이 하나님에 대한 그러한 소망으로 고난, 시련, 위험도 선을 위해 하나님이 사용하시는 도구임을 굳건히 믿는다. 그래서 소망을 갖고 하나님께만 매달려서 미래에 대한 두려움과 걱정의 격정을 가라앉힌다.

거룩, 소망 그리고 용기의 관계는 이전 말씀인 베드로전서 1:13-16을 상기하게 한다. 거기서 베드로는 이렇게 쓴다.

"그러므로 너희 마음의 허리를 동이고 근신하여
예수 그리스도께서 나타나실 때에 너희에게 가져다주실 은혜를
온전히 바랄지어다 너희가 순종하는 자식처럼
전에 알지 못할 때에 따르던 너희 사욕을 본받지 말고
오직 너희를 부르신 거룩한 이처럼
너희도 모든 행실에 거룩한 자가 되라 기록되었으되
내가 거룩하니 너희도 거룩할지어다 하셨느니라"(벧전 1:13-16).

13절에서 세 문구에 주의하라. ⑴ "마음의 허리를 동이고" ⑵ "근신하여" ⑶ "너희에게 가져다주실 은혜를 온전히 바랄지어다."

첫 문구는 "각오를 단단히 하라"는 말이다. 현대적인 이미지로 하자면 "마음의 소매를 걷어 올리라"고 할 수 있다. 베드로는 독자들에게 무언가 진지한 정신적인 작업, 그것도 노력을 요구하는 일을 할 준비를 하라고 촉구한다. 이것은 잠옷을 입은 채로 침대

에서 뒹굴면서 할 수 있는 일이 아니다. 작업복을 입고 신발 끈을 확실히 묶고 제대로 해야 하는 일이다.

두 번째 문구는 술 취한 상태의 정반대를 말한다. 술에 취하면 우리의 지각과 판단력과 반응 시간이 약해진다. 술 취한 상태의 반대는 경계심, 명료한 정신 그리고 안정감이다. 그렇다면 당신 마음의 소매를 걷어붙이고 명료한 상태를 유지하고 진정하라는 말이다. 그런 후에는 무엇을 해야 하는가?

마지막 구문은 특별히 애정 어린 반응을 촉구한다. 소망은 미래를 지향하는 애정이다. 이는 앞으로 임할 무언가 좋은 일을 기쁜 마음으로 기대하는 것이다. 우리는 아직 그것을 소유하지는 않았는데 이미 소유한 것을 소망하지 않기 때문이다. 베드로는 우리가 이 세상의 염려와 근심에 어지러워져, 믿음이 아닌 두려움으로 미래를 바라보게 되기가 너무 쉽다는 사실을 안다.

그래서 다음과 같이 권고한다. 마음의 소매를 걷어붙여서 명료한 상태를 유지하고, 너희에게 가져다 주실 은혜를 온전히 바라라. 너희는 살아있는 소망, 즉 쇠하지 아니하는 유업으로 다시 태어났으니(벧전 1:3-5) 이제 임할 은혜의 파도를 온전히 바라라.

베드로는 이런 희망으로 가득하여 거룩하게 순종할 수 있는 근거를 계속 복음에서 찾는다. 즉, 그리스도가 보배로운 자기 피로 우리를 구속하셔서 우리는 그분을 통해 믿는 자가 되었다. "우리의 믿음과 소망이 하나님께 있게 하셨다"(벧전 1:17, 21).

그렇다면 사라는 남성과 여성 모두에게, 근신하면서 희망찬 마음으로 적법한 권위에 순종한 본보기가 된다. 사라의 온유하고 안정한 심령은 그저 성격 또는 단순한 체념과는 관련이 없다. 그녀도 자신의 두려움을 잠재우기 위해서 은혜로 인한 노력이 필요했다. 오류가 있는 한 남성에게 복종한다는 건 두려운 일이기 때문이다.

사라의 삶을 생각해 보라. 하나님이 아브람에게 우르를 떠나라고 했을 때 아브람을 따라간 일이나, 자신을 첩으로 삼으려 하는 전제적인 왕들의 지속적인 위협이나, 롯과 그의 가족을 잡아갔던 지방 군벌들의 위험을 생각한다면, 사라가 여러 두려운 사건에 직면했음을 깊이 이해할 수 있다. 하지만 그녀는 하나님께 소망을 품었기 때문에 그런 두려움을 이기고 온유하고 안정한 심령, 즉 먼저 하나님께 순종하고 남편에게도 순종하는, 근신하는 심령을 지킬 수 있었다.

그리고 여기서 우리는 사라의 여성성이 그녀의 용기에 어떤 영향을 끼쳤는지 확인할 수 있다. 그녀의 용기는 전사의 공격적인 용기와는 달랐다. 롯과 그의 가족이 납치되었을 때, 사라가 아브람과 그가 거느린 318명의 전사와 함께 구출하러 가지는 않았다. 오히려 그녀는 남편에게 기꺼이 순종하는 용기를 가졌다. 사라는 자신의 말("아브라함을 주라 칭하여")로 남편을 높였다.

또 베드로가 창세기 18장 12절에서 사라가 "주인"이라는 용어를 사용한 사실을 강조한다는 것도 의미심장하다. "사라가 속으로 웃고 이르되 내가 노쇠하였고 내 주인도 늙었으니 내게 무슨 즐거움이 있으리오." 베드로의 인용에서 눈에 띄는 점은 이 용어가 본 구절에서는 드러나지 않는다는 사실에 있다. 이 용어는 그저 사라가 자기 남편을 일컫는 방식으로만 보인다. 하지만 남편을 주인이라고 부른다는 것은 사라가 위대하고 거룩한 여인으로서, 하나님께 소망을 두고 남편을 높여서 그리스도인의 용기를 드러내는 본이 됨을 입증한다.

지혜와 용기

사라만이 성경에서 용기를 드러낸 여성인 것은 아니다. 사사기 4장에 등장하는 겐 사람 헤벨의 아내, 야엘도 생각해 볼 수 있다. 그녀는 이스라엘을 압제하는 가나안 장군의 관자놀이에 말뚝을 박아 넣는다. 그녀의 용맹은 여성적인 기민함과 모성에 기인한 속임수로 변형을 일으킨다. 시스라를 장막에 초대하여 우유를 권하고 침대에 누인 후 망치와 말뚝으로 그 두개골을 부순 것이다.

더 나아가 우리는 어리석은 나발이 둔 지혜롭고 분별력 있는 아내 아비가일을 생각해 볼 수 있다. 다윗이 자신의 양 떼를 보호해 주었지만, 나발은 다윗을 못되게 모욕한다. 그리고 다윗도 성급한 분노에 사로잡혀 나발의 온 집안을 공격할 계획을 세운다.

남편이 다윗을 모욕하는 바람에 집안에 재앙이 닥칠 것이라는 소식을 들은 아비가일은 남편의 어리석음 앞에서 집안을 위해 책임을 지기로 한다. 그런데 아브라함과 왕들의 이야기에 등장하는 사라와 마찬가지로, 자기 식솔을 지키기 위해 검을 드는 것이 아니라, 오히려 두려워하지 않는 온유하고 안정한 심령으로 하나님께 소망을 두는 모습을 보인다.

그녀는 즉시 다윗과 그 부하들을 위한 선물로 풍성한 음식과 포도주를 준비해 다윗 앞에 엎드려 은혜를 구하고 남편의 어리석음을 인정하며 다윗에게 선물을 바친다. 무엇보다도 가장 중요한 사실은, 그녀가 두 가지 근본적인 호소를 한다는 점이다.

첫째, 죄 없는 피를 흘리고 자기 손으로 구원을 이루려는 일을 멈추라고 촉구한다(삼상 25:26). 이러한 일을 삼감으로써 다윗은 자기 손으로 피를 흘리거나 친히 보복함으로 마음에 걸리거나 슬퍼할 일이 없을 것이라고 설득한다(삼상 25:31).

둘째, 그녀는 다윗에게 주님이 그를 위해 싸우실 것임을, 다윗의 생명이 "내 주의 하나님 여호와와 함께 생명 싸개 속에 싸였을 것"(삼상 25:29)임을 일깨운다.

이러한 호소가 왕의 경솔함을 막았다. 그 호소가 왕의 격분과 분노와 복수심을 저지한 것이다. 다윗은 발작적인 화로 인한 격정을 잠재울 수 있었고 아비가일의 지혜와 용기를 칭찬하며 축복한다. 그러면서 "오늘 내가 피를 흘릴 것과 친히 복수하는 것을 네가 막았"(삼상 25:33)다고 말한다. 그리고 아비가일을 보내셔서 자신의 손을 막아 그 여인과 남편의 온 가족을 해치는 큰 죄를 저지르지 않게 하신 주님을 찬양한다.

그리고 주님은 다윗이 정당하다고 하신다. 열흘 후 주님은 나발을 쳐서 죽게 하셔서 자신이 기름 부으신 자에 대한 모욕을 갚으신다(삼상 25:38, 39). 다윗은 자신을 지켜 악한 일을 하지 않았고 지혜롭고 분별력 있으며 용기 있는 아내의 조력도 얻게 된다.

헤르미오네와 파울리나

우리는 셰익스피어의 희곡 『겨울 이야기』(The Winter's Tale)의 등장인물인 헤르미오네와 그녀의 친구인 파울리나라에게서 사라와 같은 강인함과 아비가일과 같은 용기를 확인한다. 헤르미오네는 레온테스 왕과 결혼한 시칠리아의 왕비로서 임신한 상태다. 그리고 레온테스의 가까운 친구이자 보헤미아의 왕인 폴릭세네스가 아홉 달 동안 그곳을 방문하고 있었다.

그런데 격렬한 질투심에 사로잡힌 레온테스는 폴릭세네스가 자신을 속였으며, 그가 바로 헤르미오네가 가진 아이의 친부라고 의심한다. 실제로 레온테스의 의심은 잘못된 것이었지만, 폴릭세네스는 두려움으로 도망치게 되었고 이 때문에 레온테스의 의혹은 더욱 강해졌다.

그는 헤르미오네에게 분통을 터뜨리며 감옥에 가뒀고 델포스의 신탁으로부터 아내의 유죄가 확인되기를 기다린다. 그러던 중 아이가 태어나자, 헤르미오네의 친구인 파울리나는 대담하게도 왕의 분노를 누그러뜨리고자 아이를 왕에게 데려온다.

레온테스는 파울리나를 쫓아내려고 하지만, 파울리나는 용감하게도 자신이 남아서 진실을 말해야 한다고 주장한다. 그리고 그렇게 함으로 자신이 궁정의 비겁한 귀족들보다 더 용기 있는 사람임을 입증한다. 그 귀족들은 왕이 제기한 혐의를 믿지 않으면서도 공개적으로 왕에게 맞서지 못했기 때문이다.

파울리나는 자신이 "선한 여왕"[4)]에게서 받은 기별을 전한다고 말하지만, 레온테스는 그 말을 일축하며 코웃음 친다. 그래도 파울리나는 단호하게 두 번 세 번 거듭 말한다.

>선한 여왕입니다. 왕이시여, 선한 여왕입니다.
>저는 "선한 여왕"이라고 말했습니다.
>제가 만일 남자였다면 싸워서라도
>그녀가 선한 여왕임을 입증할 것입니다.

레온테스는 계속 그녀를 내보내려고 하지만, 파울리나는 수그러들지 않는다. 그녀는 왕을 똑 닮은 아이를 왕에게 보여준다. 왕은 분노를 멈추지 않으면서 그 아이는 사생아이며 자신의 궁정은 배신자들의 소굴이라고 선언한다. 파울리나는 그러한 비난을 듣고 그 자리에 있는 유일한 배신자는 레온테스라고 선포한다.

당신이 배신자입니다.
당신 자신의 신성한 명예, 당신의 여왕,
당신의 상속자인 아들, 그리고 아기에 대한 배신자,
그들 모두를 험담에 빠지게 한 배신자.

레온테스는 분통을 터뜨리며 아이를 죽이라는 명령을 하고 파울리나를 산 채로 불태워 버리겠다고 위협한다. 하지만 파울리나는 이러한 일촉즉발의 위기에서도 계속해서 진실을 말하며 친구와 아기를 위해 탄원한다.

저는 당신을 폭군이라고 하지는 않겠어요.
하지만 아무 근거 없는 당신의 망상으로
당신의 여왕을 이렇게 잔인하게 대우하는 것은
확실히 폭정의 맛이 납니다.
앞으로 세상은 당신을 끔찍하고
추악한 존재로 여길 것입니다.

아비가일의 경우처럼, 우리는 여기서 남자처럼 전투하는 것이 아니지만, 터무니없는 불의에 맞서 침묵하지 않고 생명의 위협에도 신실한 중재자로서의 여성적 용기를 볼 수 있다.

재판을 받으며 고난을 견디는 헤르미오네는 영광스러운 용기를 보여준다. 그녀는 "우리 인간의 행동을 지켜보고" 바르게 심판하는 "신성한 힘"에 자신을 위탁한다. 그녀는 부정을 저질렀다는 죄목에 자신은 무죄하다고 주장하며, 남편(그녀는 계속해서 남편을 "나의 주"라고 말한다)에게 오랜 세월 신실했으며 순종했다고 말한다.

그녀는 폴릭세네스를 사랑하고 존경한 것은 남편의 절친한 친구이기에 사랑한 것으로, 왕비로서 적절한 행위였다고 고백한다. 그리고 자신은 진실을 고수하기에 죽음과 삶의 모든 쾌락을 경멸하고 신들의 심판에 자신을 맡긴다고 한다.

이렇게 우리는 파울리나와 헤르미오네 모두에게서 온유하고 안정한 심령이 지니는 불멸의 아름다움을 본다. 그들의 온유함은 수동적인 것이 아니며, 안정한 심령 때문에 진리를 말하지 못하는 것도 아니다. 오히려 그들은 침착하고 우아하다. 그들은 마음의 허리띠를 동이고 세상의 모든 압력과 위험에 직면하여서도 참되고 옳은 것을 고수한다.

그리고 두려움에 움츠러들거나 비겁하게 침묵하기를 거부한다. 사라와 아비가일과 마찬가지로 이들 역시 위의 것에 소망을 두고 어떠한 두려운 일에도 놀라지 않으며 선한 일을 행하기 위해 애쓴다.

나니아 여왕의 용기

마지막으로 나니아에서도 비슷한 형태로 나타나는 여성의 용기를 확인한다. 루시 여왕은 용맹한 사람(Valiant)으로 불리지만, 그녀의 용기는 보통 전쟁터에서 나타나는 용기는 아니다.[5] 그녀의 아버지 크리스마스가 말한다. "여성이 싸울 때 전투는 추하다." 그럼에도 불구하고 그는 루시와 수잔에게 무기를 준다. 하지만 "정말로 필요할 때만"[6] 사용하라고 가르친다.

핵심은 이것이다. 부득이한 경우가 아니라면, 여성이 전장에서 싸우는 것이 적절하지 않다는 것이다. 하지만 동맹국이 군대의 기습을 당하는 경우(『말과 소년』에서 처럼)나 소수의 충직한 나니아인들이 수많은 칼로르멘인 및 배신자들과 싸울 때(『마지막 전투』)와 같은 위급 상황에서는 여성 역시 전쟁에서 자신이 용맹함을 보일 수 있다. 하지만 여성의 용기는 주로 그런 방식으로는 나타나지 않는다.

대신 나니아 여왕의 용기는 권위에 기꺼운 마음으로 순종하는 모습으로 나타난다. 『캐스피언 왕자』(Prince Caspian)에서 에드먼드가 피터와 언쟁을 벌이자, 루시는 그에게 속삭인다. "그냥 피터가 하자는 대로 하는 게 낫지 않을까? 알다시피 그는 대왕이잖아."[7] 루시는 아슬란에 대한 순종이 종종 아슬란이 자신 위에 임명한 사람들을 존중하고 경외하며 그들에게 순종하는 것을 포괄한다는 사실을 알고 있다. 이렇게 해서 그녀는 권위 아래 있는 모든 남자와 여자에게 순종의 본이 된다.

동시에 루시는 이어지는 이야기에서 아슬란에게 명확한 지시를 받게 되는데, 이후에는 다른 사람이 무어라 하든지 피터의 말을 거역한다. 루시는 궁극적으로 자신이 아슬란에게 순종해야 하며 사람(대왕이든 그 누가 되었든)에게 순종해서는 안 된다는 사실을 안다. 게다가 루시는 가장 어려운 상황에서 자신과 가장 가까운 사람들을 실망시킬 각오를 하고 용기를 내야 한다.

나니아 여왕이 용기를 보여주는 예들은 이야기 곳곳에서 찾아볼 수 있다. 아라비스는 "강철처럼 진실한(true as steel)" 사람으로 묘사되며 자신이 좋아하든 싫어하든 절대로 동료를 버리지 않는다(「말과 소년」 6장). 친구 라사라린이 티스로크의 사악한 계획을 엿듣고 두려움에 사로잡혔을 때도 평정심을 유지한다. 루시가 모노포드(Monopods)를 대신해서 마법사의 집으로 향하겠다고 자원할 때, 루시의 용기는 캐스피언과 다른 모든 이의 칭송을 받는다(「새벽 출정호의 항해」 9장). 폴리는 디고리가 심부름 때문에 서쪽으로 가야 할 때 동행하겠다고 함으로써 자신이 진실하고 신실하며 용기 있음을 입증한다(「마법사의 조카」 12장).

성경이든, 셰익스피어든, 나니아 연대기든 우리는 하나님이 매우 소중하게 여기시는 내면의 힘과 인내하는 용기를 볼 수 있다. 용기는 인간에게 공통적인 특성이지만, 여성과 남성에게 각기 다른 방식으로 나타난다. 그리고 진정한 용기는 하나님에 대한 희망에 기초를 두고 내적인 두려움과 외적인 위험을 직면하는 것이기에 어떤 형태를 취하든 놀랍고도 아름답다.

결론

이 책은 빌립보서 1장을 숙고하면서 시작했다. 그 본문은 위험과 두려움, 담대함과 용기를 다룬다. 그리고 이제는 시편 27편의 권고로 책을 마무리하려고 한다. 이 역시 위험과 두려움, 담대함과 용기에 관한 노래다. 이 시편은 질문으로 시작한다.

"내가 누구를 두려워하리오?
내가 누구를 무서워하리오?"

이 시는 다윗이 직면한 여러 위험을 묘사한다. 다윗에게는 원수들과 대적과 적수들이 있었다(시 27:2, 11-12). 악인들이 그를 먹으려고 습격하고(시 27:2) 군대가 그를 대적하여 진을 치고 전쟁이 일어난다(시 27:3). 거짓 증인들이 그를 중상하고 파멸시키기 위해 폭력과 거짓말을 숨 쉬듯 한다. 게다가 다윗의 가족들과 초기 지지자들도 그를 떠나버렸다. 위험과 고뇌의 나날에 직면한 다윗이 "내가 누구를 두려워하리오?"라고 물을 때, 사실 그 답은 뻔하다. 그는 원수들과 대적들과 적수들을 두려워해야 한다. 그의 평판을 잃을 판이며 신체의 해를 당할 것이고 죽음도 눈앞에 닥쳐왔다. 그래서 두려움은 너무나 당연한 일이다.

하지만 다윗은 두려워하지 않는다. 다윗은 두려움을 막을 자신이 있다. 외적인 위험이 존재하고 세속적인 지원은 부재하다고 할지라도 그의 마음은 동요되거나 고통스럽지 않다. 오히려 그는 견고하고 용기로 가득하다. 어째서 그럴까?

주님이 어둠 속에 그의 빛이 되시며 그의 구원이자 해방이시기 때문이다. 또 주님이 그의 요새이며 생명의 피난처이시기 때문이다(시 27:1). 그리고 하나님이 다윗을 평탄한 길로 인도하셔서 올가미와 덫을 피하게 하시기 때문이다(시 27:11). 다윗은 하나님이 자신의 원수를 처리해 주실 것으로 확신한다. 그들은 실족하여 자기가 놓은 덫에 자기가 빠질 것이다(시 27:2). 하나님은 다윗을 다툼에서 숨기실 것이다. 다윗은 하나님이 자신을 구조하시고 보호해 주신다는 사실을 구체적으로 묘사하기 위해 여러 심상을 사용한다. 하나님은 그를 초막 속에 비밀히 지키시고 장막 은밀한 곳에 숨기시며 높은 바위 위에 두실 것이다. 그리고 바로 그곳에서 다윗은 자기 원수에 대한 하나님의 승리를 지켜보고 하나님께 기쁨과 감사함으로 예배할 것이다(시 27:6). 그는 "산 자들의 땅에서"(시 27:13) 주님을 바라볼 것이라고 자신한다.

다른 말로 하자면 "내가 누구를 두려워하리오?"라는 다윗의 질문은 바울이 로마서 8장 31절에서 "만일 하나님이 우리를 위하시면 누가 우리를 대적하리요?"라고 던진 질문과 같다. 그리고 그 답은 이렇다. 모두가 대적하지만, 상대가 안 된다. 원수와 위험은 실존하지만, 상대가 안 된다. 그 이유는 그런 원수와 위험 중 그 무엇도 우리를 대적하여 성공할 수 없기 때문이다. 그 누구도 우리의 승리를 앗을 수 없다. 다윗은 이렇게도 말한다.

"하나님이 내 편이심을 내가 아나이다
내가 하나님을 의지하여 그의 말씀을 찬송하며
여호와를 의지하여 그의 말씀을 찬송하리이다
내가 하나님을 의지하였은즉 두려워하지 아니하리니
사람이 내게 어찌하리이까?"(시 56:9-11)

우리는 어떻게 대적이 우리를 절대 이길 수 없다고 확신할까? 하나님이 "자기 아들을 아끼지 아니하시고 우리 모든 사람을 위하여 내주"셔서 그분이 우리에게 아낌없이 자비롭게 모든 것을 주시기 때문이다(롬 8:32). 그리고 아무도 "하나님께서 택하신 자들을 고발"하고 그것을 입증할 수 없기 때문이다(롬 8:33). 또 하나님은 노하여 우리를 버리실 수 없기 때문이다(시 27:9). 그리고 그리스도 예수께서 우리를 위해 죽으셨고 더욱이 우리를 위해 다시 사셨기 때문이다. 더 나아가 하나님의 우편에 우리의 중보자로 앉아 계시기 때문이다. 그분 덕분에 우리는 산자의 땅에서, 부활의 영역 안에서 주님을 바라볼 수 있다고 자신할 수 있다.

어떤 위험도 우리를 하나님의 사랑에서 분리할 수 없다. "환난이나 곤고나 박해나 기근이나 적신이나 위험이나 칼"(롬 8:35)도 그렇게 할 수 없다. 우리를 두려움으로 쉽게 짓눌러 버릴 수 있으리라 생각되는 모든 위험도, 사실은 이제 하나님의 손안에 있는 도구다. 이 모든 일에 "우리를 사랑하시는 이로 말미암아 우리가 넉넉히 이기느니라"(롬 8:37). 바울과 다윗은 같은 확신을 지닌다. 하나님이 그들 편이시기에 두려워할 필요가 없다는 것이다.

하지만 하나님이 자신을 지키시고 구하신다는 다윗의 확신보다 그가 그 와중에 바라는 소망이 더 놀랍다. 그 순간 다윗의 불안함을 무디게 만든 것, 위험에 직면했을 때, 그의 마음을 강하게 만드는 것은 바로 이 한 가지다.

"내가 여호와께 바라는 한 가지 일
그것을 구하리니
곧 내가 내 평생에

> 여호와의 집에 살면서
>
> 여호와의 아름다움을 바라보며
>
> 그의 성전에서 사모하는 그것이라"(시 27:4).

다윗의 가장 큰 희망은 하나님의 임재 안에 거하며 그분의 아름다움을 영원히 바라보는 일이었다. 이방 나라들이 분노하며 대적들이 찾아 헤매며 땅이 변하고 물이 솟아날 때, 다윗이 단단히 붙잡은 것이 바로 이것이다.

하나님은 다윗에게 자신의 얼굴을 찾으라고 하신다. 다윗은 그 부르심에 이렇게 답한다. "여호와여 내가 주의 얼굴을 찾으리이다"(시 27:8). 그리고 다윗에게는 하나님의 얼굴로 충분했다. 그리고 우리에게도 그것으로 충분하다. 시편 27편 마지막에 다윗은 우리에게 자신의 용기에 동참하라고 권한다. "여호와를 기다릴지어다."

> "너는 여호와를 기다릴지어다
>
> 강하고 담대하며 여호와를 기다릴지어다!"(시 27:14)

다른 말로 하자면, 당신이 쫓겨났을 때도 하나님이 당신을 데려가신다는 확신을 품고 마음을 돋우라는 것이다. 하나님이 당신에게 하나님 자신을 영원히 주셨다는 진리로 당신의 마음을 강하게 하고 영혼을 진정하라. 예수님의 말씀이다. "세상에서는 너희가 환난을 당하나 담대하라 내가 세상을 이기었노라(요 16:33)."

감사의 말

이 책은 비록 작지만, 엄청난 은혜의 결과물이다. 이 귀한 책을 만드는 데 기여한 모든 분께 감사의 빚을 갚기 원한다.

먼저, 이 시리즈에 참여하도록 나를 초대해 준 친구 마이크 리브스, 문장을 매끄럽게 다듬고 내용을 탄탄히 만들 수 있도록 좋은 질문을 해 준 톰 노타로, 책 집필(및 편집과 마케팅) 과정을 즐겁게 도와준 크로스웨이 팀, 셀 수 없이 많은 방식으로 저를 격려하고 도전해 준 베들레헴 대학 및 신학대학원 교수진과 시티즈 교회의 목사님들, 이 책을 읽고 귀중한 피드백을 준 친구들인 앤디 나셀리와 제니 나셀리, 톰 도즈와 애비게일 도즈 그리고 데이비드 매티스, 초안을 심층적으로 편집하고 일부 내용을 작성하는 데도 도움을 준 클린트 맨리에게 감사하다.

하나님의 은혜로 두려움에 맞서고 격정을 다스릴 수 있도록 영감을 주는 아들들인 샘, 피터, 잭 덕분에 나는 아들들이 용기의 사람이 되도록 도울 수 있게 되었다. (싸울 만한 가치가 있는 무언가를 소유하는 것만큼이나 용기를 만들어 내는 일은 없다.) 그리고 내가 유쾌하고 한결같으며 담대하고 용기 있는, 하나님이 원하시는 사람이 되도록 나를

늘 격려하는 아내 제니에게 감사하다.

독자들이 이 책을 통해 용기의 정의와 설명이 무엇인지 확인하는 데서 그치지 않고, 안정감과 강인한 정신력과 정서적인 힘이 얼마나 놀라운지 실제로 느끼길 바란다. 그래서 최고의 선을 향한 더 깊은 열망의 힘으로 위험을 감수하고 어려움에 직면할 때 두려움을 이겨냈으면 좋겠다. 다윗 왕부터 룬 왕까지, 사도 바울부터 라티머 씨와 리들리 씨에 이르기까지 다양한 형태의 용기를 독자들도 잘 발현했으면 좋겠다.

마지막으로, 내 친구 더그 윌슨만큼 나에게 용기를 준 사람은 없을 것이다. 15년이 넘도록 나는 그가 보여주는 확고한 마음, 희망에 찬 안정감 그리고 유쾌한 사역의 유익을 누릴 수 있음에 감사하다. 이 책을 통해 그 특성이 전달되기를 기도한다.

주

1. 용기를 정의하다

1) Jonathan Edwards, *Ethical Writings*, ed. Paul Ramsey, vol. 8 of *The Works of Jonathan Edwards*(New Haven, CT: Yale University Press, 1989), 539.
2) G. K. Chesterton, *Orthodoxy*(Chicago: Moody Publishers, 2009), chap. 6, Kindle; G. K. 체스터턴, 『정통』, 홍병룡 역, 아바서원.
3) G. K. 체스터턴, 『정통』, 6장.
4) C. S. Lewis, *The Abolition of Man*(New York: HarperCollins, 2001), 14-15; C. S. 루이스, 『인간 폐지』, 이종태 역, 홍성사.
5) C. S. 루이스, 『인간 폐지』, 18-19.
6) C. S. 루이스, 『인간 폐지』, 16.
7) C. S. 루이스, 『인간 폐지』, 24.
8) C. S. 루이스, 『인간 폐지』, 24-25.
9) C. S. Lewis, *The Screwtape Letters*(New York: HarperCollins, 2001), 161; C. S. 루이스, 『스크루테이프의 편지』, 김선형 역, 홍성사.

2. 성경이 말하는 용기

1) C. S. Lewis, *Mere Christianity*(New York: HarperCollins, 2011), 31; C. S. 루이스, 『순전한 기독교』, 장경철, 이종태 역, 홍성사.
2) "And Can It Be, That I Should Gain"(1738), https://hymnary.org/

5. 용기와 성별

1) 윌리엄 셰익스피어, 〈헨리 5세〉, 3막, 1장. https://www.poetryfoundation.org/. 이 연설을 환상적으로 연기한 것을 보려면 제이미 파커(Jamie Parker)가 런던의 글로브 극장(Globe Theatre)에서 헨리 왕으로 출연한 영상을 찾아볼 것.
2) C. S. Lewis, *The Horse and His Boy*(New York: HarperCollins, 2009), 185; C. S. 루이스, 『말과 소년』, 햇살과나무꾼 역, 시공주니어.
3) C. S. Lewis, *Mere Christianity*(New York: HarperCollins, 2001), 119; C. S. 루이스, 『순전한 기독교』, 장경철, 이종태 역, 홍성사.
4) William Shakespeare, *The Winter's Tale*, act 2, scene 3, https://shakespeare.folger.edu/; 윌리엄 셰익스피어, 『겨울 이야기』, 김동욱 역, 동인.
5) Joe Rigney, *Live Like a Narnian: Christian Discipleship in Lewis's Chronicles* (Minneapolis: Eyes & Pen, 2013), 155-57; 조 리그니, 『나니아인처럼 살기: 루이스의 연대기에 나타나는 기독교 제자도』
6) C. S. Lewis, *The Lion, the Witch and the Wardrobe*(New York: HarperCollins, 2009), 108-9; C. S. 루이스, 『사자와 마녀와 옷장』, 햇살과나무꾼 역, 시공주니어.
7) C. S. Lewis, *Prince Caspian*(New York: HarperCollins, 2009), 88; C. S. 루이스, 『캐스피언 왕자』, 햇살과나무꾼 역, 시공주니어.

사명선언문

너희가 흠이 없고 순전하여……세상에서 그들 가운데 빛들로
나타내며 생명의 말씀을 밝혀 _ 빌 2:15-16

1. 생명을 담겠습니다
만드는 책에 주님 주신 생명을 담겠습니다.
그 책으로 복음을 선포하겠습니다.

2. 말씀을 밝히겠습니다
생명의 근본은 말씀입니다.
말씀을 밝혀 성도와 교회의 성장을 돕겠습니다.

3. 빛이 되겠습니다
시대와 영혼의 어두움을 밝혀 주님 앞으로 이끄는
빛이 되는 책을 만들겠습니다.

4. 순전히 행하겠습니다
책을 만들고 전하는 일과 경영하는 일에 부끄러움이 없는
정직함으로 행하겠습니다.

5. 끝까지 전파하겠습니다
모든 사람에게, 땅 끝까지, 주님 오시는 그날까지
복음을 전하는 사명을 다하겠습니다.

서점 안내

광화문점 서울시 종로구 새문안로 69 구세군회관 1층
02)737-2288 / 02)737-4623(F)

강남점 서울시 서초구 신반포로 177 반포쇼핑타운 3동 2층
02)595-1211 / 02)595-3549(F)

구로점 서울시 동작구 시흥대로 602, 3층 302호
02)858-8744 / 02)838-0653(F)

노원점 서울시 노원구 동일로 1366 삼봉빌딩 지하 1층
02)938-7979 / 02)3391-6169(F)

일산점 경기도 고양시 일산서구 중앙로 1391 레이크타운 지하 1층
031)916-8787 / 031)916-8788(F)

의정부점 경기도 의정부시 청사로47번길 12 성산타워 3층
031)845-0600 / 031)852-6930(F)

인터넷서점 www.lifebook.co.kr